每 / 天 / 读 / 点

READ A LITTLE PHILOSOPHY EVERY DAY

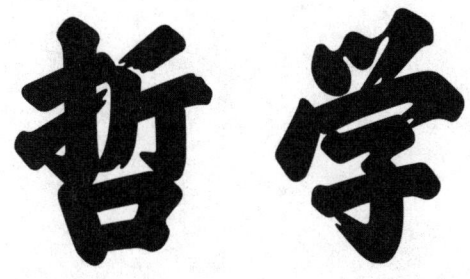

弘石◎编著

时事出版社
·北京·

图书在版编目（CIP）数据

每天读点哲学 / 弘石编著. -- 北京：时事出版社，2024. 12. -- ISBN 978-7-5195-0576-9

Ⅰ．B-49

中国国家版本馆 CIP 数据核字第 2024TL0487 号

出 版 发 行：时事出版社
地　　　　址：北京市海淀区彰化路 138 号西荣阁 B 座 G2 层
邮　　　　编：100097
发 行 热 线：（010）88869831　88869832
传　　　　真：（010）88869875
电 子 邮 箱：shishichubanshe@sina.com
印　　　　刷：河北省三河市天润建兴印务有限公司

开本：670×960　1/16　印张：15.75　字数：170 千字
2024 年 12 月第 1 版　2024 年 12 月第 1 次印刷
定价：48.00 元
（如有印装质量问题，请与本社发行部联系调换）

前言

哲学是什么？这是很多人都想知道的问题，但对于它还没有一个明确的定义。如果非要弄清楚什么是哲学，那么最好是先了解哲学的历史。

在古代，人们掌握的知识很少，喜欢把一切学科都定义为"哲学"。在进入文明社会后，学科越来越多也越来越复杂，因此很多学科在确定了自己的研究对象、研究方法、研究目标后，就从哲学中分离出来了。例如，早先物理学是属于哲学的，但它的研究对象是物理世界，研究方法是科学，研究目标是弄清楚物理世界的规律，在上述"学科三要素"确定后，物理学就和哲学分家了，开始负责研究自己领域的问题。与之相类似的，化学、心理学甚至美学也从哲学中分离出来了。于是，哲学的研究范围变得越来越小。小到什么程度呢？可以说，哲学研究其他学科不研究的问题。例如，灵魂是什么？我是谁？活着的目的是什么？……从这个意义上说，哲学是一个研究过程，人们在这个过程中注重运用思辨能力，至于结论，可以说是各抒己见。

那么学习哲学对我们有用处吗？答案是肯定的。也许不学哲学一样可以在生活中感悟很多道理，有很多思考，可以过有意义的生活；但通过学习哲学，我们可以培养自己的批判性思维和逻辑推理能力，从而更好地了解这个世界。哲学可以更好地指导我们的行为，使我们更有意义地生活。

上篇　哲学的常识

第一章 / 中国古代哲学概念

- 003　阴阳八卦
- 004　五行学说
- 005　大同
- 005　践履
- 006　三纲领
- 007　八条目
- 009　中庸之道
- 009　和与同
- 010　精、气、神
- 011　道
- 012　无为而治
- 013　心斋
- 013　坐忘
- 014　五德终始

第二章 / 西方哲学概念

- 016　形而上学
- 017　辩证法
- 018　逻各斯
- 019　假相

020	实体	023	绝对观念
021	形式	024	实践范围
022	自因	024	二律背反
022	第一推动者	025	生命之流

第三章 / 中国哲学流派

026	儒家	030	纵横家
027	道家	031	阴阳家
027	墨家	032	禅宗
029	法家	033	宋明理学
030	名家		

第四章 / 外国哲学流派

035	亚里士多德学派	039	毕达哥拉斯学派
036	柏拉图学园	040	实证主义
036	伊壁鸠鲁学派	041	实用主义
037	犬儒学派	042	存在主义
038	经院哲学	043	人格主义
038	智者运动	043	解构主义

044	生命哲学		046	后现代主义
045	唯意志主义		047	经验批判主义

第五章 / 中国哲学人物

048	老子		056	邵雍
049	孔子		057	张载
050	庄子		058	二程
051	墨子		059	朱熹
052	董仲舒		060	陆九渊
053	王充		061	王阳明
054	王弼		062	王夫之
054	裴頠		063	李泽厚
055	周敦颐		063	冯友兰

第六章 / 外国哲学人物

065	苏格拉底		068	德谟克利特
066	柏拉图		069	西塞罗
067	亚里士多德		069	伊壁鸠鲁

070	毕达哥拉斯	**080**	孟德斯鸠
071	培根	**082**	黑格尔
072	卢梭	**083**	叔本华
073	康德	**085**	尼采
075	伏尔泰	**086**	海德格尔
076	笛卡尔	**087**	罗素
077	亚当·斯密	**088**	维特根斯坦
078	斯宾诺莎	**090**	萨特
079	蒙田		

下篇 哲学的感悟

第一章 / 哲学这样看世界

- 095 　万物诞生之源，亦是结束之因
- 097 　一切皆流，无物常住
- 100 　时间、空间与运动
- 102 　宇宙是统一的整体
- 105 　早已预定的和谐

第二章 / 哲学这样看个体

- 109 　认识你自己
- 111 　你是自己的主人
- 114 　成为你自己
- 116 　自由与道德
- 118 　选择是困难的，但你必须选择

第三章 / 哲学这样看道德

- 121 　至善，犹如太阳
- 123 　公正是最完美的品德
- 125 　完备的德行，至高无上
- 126 　财富是道德的包袱
- 128 　善是关心大众的福祉

第四章 / 哲学这样看人性

- 130　人是天生的政治动物
- 132　解密人的需求
- 134　情感与人性
- 136　理性与习惯
- 138　人性的善恶

第五章 / 哲学这样看人生

- 141　治疗灵魂的医术
- 142　快乐，或是快乐的影像
- 144　遵循正确的方式，过真正的生活
- 146　爱与善，即美好人生
- 148　孤独的真谛
- 150　幸福到底是什么
- 152　幸福，是人类的终点

第六章 / 哲学这样看生命

- 154　灵魂是不朽的
- 156　人生是一场"死亡练习"
- 158　何以安顿心灵
- 160　让活着更加深刻
- 162　比生命延续更重要的是思想的传承

第七章 / 哲学这样看教育

- 166 古希腊先贤的教育理念
- 169 音乐教育是最直接的心灵对话
- 171 教育不应该以功利为目的
- 173 充分发掘人的自然本性和生命力
- 175 感觉帮助我们认识世界
- 177 知识是先天条件与后天经验的结合
- 181 学习和研究不能离开方法论
- 183 孔子和孟子的教育观

第八章 / 哲学这样看艺术

- 188 孤独心灵的补偿
- 190 美学不仅是艺术哲学
- 193 艺术乃神性之美
- 195 建筑的艺术
- 197 理性主义原则
- 200 美在于主、客体之间的关系
- 202 人为何有审美需求
- 205 美在天地万物之间

第九章 / 哲学这样看关系

- 209　友谊可以慰藉心灵
- 212　博爱源自于平等
- 214　为人父母是一件痛并快乐的事
- 216　真正意义上的母爱
- 218　男权社会里的两性关系
- 220　别让爱成为桎梏
- 223　释放女性潜能
- 225　柏拉图式爱情

第十章 / 哲学这样看自由

- 227　自由与法律
- 229　意志自由的是与非
- 232　人生而自由,却无往不在枷锁之中
- 234　自由源于理性
- 236　从自然自由到理想自由

上篇

哲学的常识

第一章

中国古代哲学概念

阴阳八卦

八卦源于中国古代人们对基本的宇宙生成、相应日月的地球自转（阴阳）关系、农业社会和人生哲学互相结合的观念。最原始的资料来源于《周易》，内容有六十四卦，但没有图像。

《易传·系辞传上》记录："是故，易有太极，是生两仪，两仪生四象，四象生八卦。"两仪即阳阴，可在不同时候引申为天地、昼夜、男女等。四象，即少阳、太阳、少阴、太阴。在不同时候，可分别对应四方、四季、四象。青龙居东，春之气，少阳主之；朱雀居南，夏之气，太阳主之；白虎居西，秋之气，少阴主之；玄武居北，冬之气，太阴主之。四季养生也分别对应为：生、长、收、藏。八卦，即干、坤、巽、兑、艮、震、离、坎。每卦由三爻组成，以"-"为阳，以"--"为阴。

五行学说

五行学说认为，宇宙万物都由"木""火""土""金""水"五种基本物质的运行（运动）和变化所构成。它强调整体概念，描绘了事物的结构关系和运动形式。

五行表述的是事物的五种状态，是从时间意义上对事物的分析。木指事物的萌发、成长阶段；火指事物的鼎盛阶段；金指事物的衰退阶段；水指事物衰退到极点并终归于空无的阶段。根据太极原理，一切事物凡是终点也必是起点，也就是说土既是万物的归宿，又是起点。万物生于土，终归于土。

《易传·系辞传上》有言："一阴一阳之谓道。"阴阳是事物的两个方面，有点类似于现在说的矛盾双方。阳代表事物阳刚、外在、向上、运动、简明、积极的一面，阴象征事物阴柔、内在、向下、静止、细腻、消极的一面。阴阳两方可以表现在同一系统中两个相互独立的事物上，也可以共存于同一个事物上。而且阴阳是可以相互转化并且不断运动变化的。例如，在整个人类群体中，男为阳，女为阴；以一个人为整体，则身体的前为阳后为阴，上为阳下为阴，外形为阳内部为阴。

如果说阴阳是古代的一种对立统一学说，那么五行则可以说是一种原始的普通系统论。

大同

"大同"一词最早见于《庄子·在宥》。"大同"谓与天地万物融合为一,是指"养心"应当"忘物"。而用大同来描述天下为公这一理想社会的是《礼记·礼运》。《礼记》是孔门后学解释《仪礼》时所作的记,附于礼经《仪礼》各篇之末,阐述《仪礼》各篇之义理。大同思想为孔子首创。

在大同时代,人人都把公共利益放在首位,不仅讲究信誉、与他人友善相处、做到"鳏寡孤独者皆有所养",而且会因不为社会作贡献而感到羞愧。在大同时代,人们不需要智慧和谋略,也没有偷盗和抢劫,不用锁住门窗。

践履

践履本为足踏地之意,《诗经·大雅·行苇》:"敦彼行苇,牛羊勿践履。"后转为步行、经历等义,再引申为行动、实行、实践之义,从而具有了一定的哲学意义。

"践履"这个概念在宋明理学中被运用得较为普遍。它的一般意义是行或实践,而其具体内容则多指封建道德的实践躬行。朱熹说:"《大学》之书,虽以格物致知为用力之始,然非谓初不涵养践履,而直从事于此也……"他认为从教育孩童孝悌诚敬开始，洒扫应对之间，礼乐射御之际，都要在涵养践履上下功夫。他批评"今人之所谓践履者，只做得个皮草"，而他自己则"讲说时少，践履时多"。但是，在通常讨论到知和行、穷理和践履的关系时，他总是强调必先求知明理而后践履。明代唯物主义哲学家王廷相的"履事"概念也相当于"践履"，他说："学之术有二，曰致知，曰履事，兼之者上也。"这里表现了知和行并重的思想。

明清时期的唯物主义思想家则从行先知后、行高于知的意义上来强调践履的重要作用。例如王夫之说："学之必兼笃行，则以效先觉之为，乃学之本义。……必以践履为主，不徒讲习讨论而可云学也。"他认为"学"不只是讲习讨论，它本身还包括行，并且应该以践履、笃行为主要内容。王廷相、王夫之、颜元等人都很重视践履的作用。

三纲领

中国古代儒家经典《大学》提出了三纲领、八条目的治国平天下准则。三纲领指的是明明德、亲民、止于至善。具体释义如下。

其一，明德是任何人都禀受于天，至灵而不污染的本性，它能够与天地相沟通。明明德是肯定人类生来便有灵明的德性，现在要加以彰明，使之自觉。人之行善避恶，有内在本然的基础。道德实践的价值是由内而发的，人性是向善的。

其二，亲民是人们在明晓自身本性的善德之后，帮助其他人去除污染心灵的东西，使他们能够像自己一样达到心灵纯洁的境界。觉悟明明德这一天生的能力之后，就须亲民，亲者新也，日新又新，使自己无时无刻不在行善之途上前进。

其三，至善是指心灵获得最大程度的自由，达到自然与事物发展相统一的境界。明明德和亲民的一致方向是止于至善。以止于至善为方向或目标，则意味着永无止境的期许。

八条目

八条目指的是格物、致知、诚意、正心、修身、齐家、治国、平天下。具体释义如下。

其一，格物，就是要求人们亲历其事，亲操其物，即物穷理，增长见识。在读书中求知，在实践中求知，而后明辨事物，尽事物之理。

其二，致知，就是从推致事物之理中，探明本心之知。所谓知，指道德意识，知既至，则能明是非、善恶之辨，闻见所及，胸中了然。"物格而后知至。"如一面镜子，本来全体通明，只因被事物蒙蔽，暗淡不清，现逐渐擦去灰尘，恢复光明，重获真知。

其三，诚意，就是要意念诚实。知既尽，则意可得而实，发于心之自然，非有所矫饰，自然能做到不欺人，亦不自欺。在慎独上下功夫，严格要求自己，修养德性。故"知至而后意诚"。

其四，正心，就是要除去各种不安情绪，不为物欲所蔽，保持心灵的安静。意不自欺，则心之本体，物不能动，而无不正。心得其正，则公正诚明，不涉感情，无所偏倚。故"意诚而后心正"。

其五，修身，就是要不断提高自己的品德修养。只有自身的品德端正，无偏见，无邪念，才能为他人所拥护。修身是格物、致知、诚意、正心的落脚点，又是齐家、治国、平天下的始发点。"心正而后身修，身修而后家齐。"

其六，齐家，就是要管理好自己的家庭，只有教育好自己的家庭成员，才能教化他人。

其七，治国，就是要为政以德，实行德治，布仁政于国中。君主要像保护初生的小孩那样保护人民，以至善之德教化人民，使人民除旧布新，日新又新。

其八，平天下，就是要布仁政于天下，使天下太平。平天下最重要的是要求施政者具有"以己之心，度人之心"的崇高品质，成为天下人的榜样。由于平天下是多方面的，这就要求施政者尊老兴孝，敬长兴悌，恤孤爱民，布行仁政。施政者要实行恕道（己所不欲，勿施于人），坦诚至公，以德为本，举拔贤臣，提倡忠信，开源节流，以义为利，如此则能臻天下太平之境界。

中庸之道

中庸之道，亦即君子之道。

中庸之道的内涵是什么？有道是"不偏之谓中，不易之谓庸"。"中庸"之"中"，表征为一个恰切的"度"，是在面对复杂对象时能精确把握事情的"分寸"。"中"强调的"度"既不能过（过分），又不能不及（达不到）。这一个合适的"度"非同小可，不可小看。"中庸"实际上强调的是凡事有度，过犹不及的理念。也就是说，"过"和"不及"都不可取，什么问题都要在"过"与"不及"之间寻找平衡点。

把中庸之道看作是"和稀泥""折中主义"，其实是误解。折中主义最大的弊端就是缺乏原则性，孔子的中庸之道则与此不同，其所言的"中"意味着合乎一定的标准或法则。"中庸"是"执两用中、守中致和"，即中和。有两种不同的意见，应该使它能够中和，保留其对的一面，舍弃其不对的一面，这才是正确的中庸之道。

和与同

"和"与"同"是春秋时期的两个常用术语。《左传·昭公二十》所载晏子与齐景公对话中批评梁丘据的话和《国语·郑语》所载史伯的话都对其解说得非常详细。"和"如同五味的调和、八音的和谐，一定要有水、火、酱、醋等不同的材料才能调和滋味；一定要有高下、长短、疾徐等各种不同的声调才能使乐曲和谐。晏子说："君臣亦然。君所谓可而有否焉，臣献其否以成其可；君所谓否而有可焉，臣献其可以去其否。"因此史伯也说："以他平他谓之和。"

"同"就是不如此。《晏子对齐侯问》："君所谓可，据亦曰可；君所谓否，据亦曰否。若以水济水，谁能食之？若琴瑟之专一，谁能听之？同之不可也如是。"

按以上说法，"和"的前提是承认并允许彼此有差异、有区别、有分歧，然后把它们调整到某种适当的地位、情况、结构中，各得其所，而后整体便有"和"——和谐或发展。中国哲学一直强调"和"，即强调"度"（处理各种差异、多元的适度），强调"过犹不及"和"中庸"，其道理是一致的，此所谓"吾道一以贯之"。

精、气、神

"精、气、神"概念源于先秦哲学与医学。《易传·系辞传上》说："精气为物，游魂为变，是故知鬼神之情状。"意思是说，精致的气凝聚而成物形，气魂游散而造成变化，考察物形的变化就能够知晓"鬼神"的真实状态。在古代哲学中，不仅有"精气"的概念，而且有"精神"的概念，《庄子·杂篇·列御寇》在描述"至人"的生活状态时即使用了"精神"这个术语，指的是人的心志。战国以来的"医家"既使用"精气"概念，也使用"精神"概念。如《素问·生气通天论》中记载："阴平阳秘，精神乃治，阴阳离决，精气乃绝。"其中所谓"阴"指的是蕴藏精气的脏腑，而"阳"指的是保卫脏腑的外围组织。在《素问·生气通天论》看来，脏腑必须平和，外围组织则坚固而不泄漏；如果脏腑与外围组织不能配合，则精气就耗散不能生存了。

道

"道"是道家始祖老子提出的重要哲学概念。老子认为，道是产生世界万物的本原，万物都是道的派生者。道是天地之根，万物之母，万物之宗。《道德经·第一章》："道可道，非常道；名可名，非常名。无名，天地之始，有名，万物之母。"这就是说，万物是可以言说的，而产生万物的道，却是不可言说的。可以言说的道，不是恒常不变的道；万物是可以命名的，给万物命名的道，却是不可以命名的。"天下万物生于有，有生于无。"所以，无名之道，才是产生天地的始基。

不难看出，老子所说的道就是无，它是不具有任何具体物质属性和形象的。《道德经·第四章》："道冲，而用之或不盈。

渊兮，似万物之宗。"也就是说，道这个东西是空虚无形的，可是它永远也用不尽，非常渊深，貌似是万物的祖宗，是天地产生的总根源。

无为而治

"无为"是老子提出的政治思想，是相对于政治上的"有为"而言的。

老子指出，有为政治产生的祸害十分严重。《道德经·第五十七章》："天下多忌讳，而民弥叛"；"法令滋彰，盗贼多有"。也就是说，天下的禁忌越多，老百姓就越陷入贫困；法令越是森严，盗贼就越是不断地增加。施政者越是强加干涉，老百姓就越是难以管理。

施政者正确的做法是"无为而无不为"。无为指的是，施政者不对百姓过多控制与干涉，给百姓更多的生存空间，使社会保持和谐有序。

老子认为，虚无的东西才是最有用的东西。例如车轮，如果没有中间的轮毂，就不能转动；茶杯、瓷碗等器皿，如果没有杯口或碗口，就不能装东西；门户如果没有通道，就不能出入；房屋如果没有空间，就不能住人。所以，无和空才是有用的。我们对待事情，无为正是有所作为。

心斋

《庄子·人间世》:"颜回曰:'敢问心斋。'仲尼曰:'若一志,无听之以耳而听之以心,无听之以心而听之以气。听止于耳,心止于符。气也者,虚而待物者也,唯道集虚。虚者,心斋也。'"颜回请教孔子"心斋"的道理,孔子告诉颜回,人应该集中注意力,不要胡思乱想。等到集中注意力后,就可以用"听"字法诀,但这不是用耳朵去听,而是用心去体会;不仅要用心去体会,而且要用气去感应。到了这样的境界,耳听的作用就停止了,心气合一。气的本质是虚的,正因为虚,所以才能容纳物体;只有道才能把虚集合在一起。如果能做到心同太虚,也就到达"心斋"之境了。

孔子和颜回的这段谈话完全出自假托,表达的其实是庄子的"心斋"思想。庄子认为,人只有放弃心、耳、口、鼻的执着,进入凝寂虚空的境界,才能实现真正的斋,即"心斋"。

坐忘

在《庄子·大宗师》篇里,庄子假托孔子与颜回的对话,谈及"坐忘"的问题。颜回去见孔子,说自己达到了"坐忘"的境界。孔子问:"何谓坐忘?"颜回曰:"堕肢体,黜聪明,离形去知，同于大通，此谓坐忘。"意思是说，不知四肢形体的存在，弃去耳聪和目明，摆脱形体和智能的束缚，和同于大通之道，便是坐忘之境。

由此可知，坐忘既不仅指静坐的姿态，也不仅指所谓忘的状态，更不是一种自我陶醉或麻醉，它应该是一种用身心求证到的、实有的生命状态，是超越了现实世界的种种规则之后，心无挂碍的状态。坐忘的深层内涵，在于通过坐的沉思默想，进入忘的境界，达到解心释神与致道的终极目标。所谓解心释神，即要求世人从自我的内心深处自觉地在与自然本性无关的诸多精神上的烦恼中解脱；而致道则是怀着一颗透明澄澈的心，以求道德上的升华，最终达到逍遥的至高境界。

五德终始

邹衍，也作驺衍，战国末期齐国人，是战国时期哲学家、阴阳家代表人物。建立于古代阴阳五行学说基础上的"五德终始论"是他学说的核心。

邹衍认为，人类社会都是按照五德（即五行之德）转移的次序进行循环的。五德转移是仿照自然界的五行相克，即木克土、土克水、水克火、火克金、金克木的规律进行的。人类社会的历史变化同自然界一样，也是受木、火、土、金、水五种物质元素支配的，历史上每一个王朝的兴起与灭亡都体现了一种必然性。

《文选·魏都赋》李善注引《七略》曰："邹子有终始五德，从所不胜，木德继之，金德次之，火德次之，水德次之。"邹衍的"五德终始论"，即依五德终始之次序而循环，实际上是一种循环论和命定论。

第二章

西方哲学概念

形而上学

"形而上学"是哲学术语，也叫第一哲学，如笛卡尔的《第一哲学沉思录》也被称为《形而上学沉思》。亚里士多德把人类的知识分为三部分，用大树做比喻：第一部分，最基础的部分，也就是树根，是形而上学，它是一切知识的基础；第二部分是物理学，好比树干；第三部分是其他自然科学，以树枝来比喻。中文译名"形而上与形而下"取自《易传·系辞传上》中"形而上者谓之道，形而下者谓之器"一语。

形而上学的问题通常都是充满争议、没有确定结论的。一方面是因为经验事实所累积的资料虽然作为人类知识的最大宗，但无法解决形而上学的争议；另一方面是因为形而上学家们所使用的词语时常混淆不清，所以他们的论点也是各持己见，没有交集。

通俗地讲，形而上学有两种意思：一是指用孤立、静止、片面、表面的观点去看待事物；二是指研究单凭直觉（超经验）来判断事物的哲学，有时也指研究哲学的本体论。

辩证法

"辩证法"意为谈话、论战的技艺，指一种逻辑论证的形式。

辩证法的基本观点是斗争与联合相联结。这个思想也是辩证法作为方法论的基本思想。它时常只见斗争，不见联合，或者只见联合，不见斗争。辩证法的核心是斗争论，或者说，辩证法就是矛盾论。现在辩证法常用于包括思维、自然和历史三个领域中的一种哲学进化的概念，也用来指和形而上学相对立的一种世界观和方法论。

不同时期、不同国家的哲学家对辩证法有不同的认识。古希腊哲学家认为它是论证和分析命题中的矛盾、揭露谈话的矛盾，以及克服矛盾的方法。德国哲学家黑格尔认为，辩证法的研究对象是事物自身的本质矛盾，它不仅是一种思维方法，而且是一种宇宙观。马克思主义批判地继承了黑格尔的思想，认为辩证法是客观世界本身固有的规律，是关于普遍联系和发展的学说。思维中的辩证法是客观规律在人的头脑中的反映。

逻各斯

"逻各斯"是欧洲古代和中世纪常用的哲学概念。一般指世界的可理解的一切规律，因而也有语言或理性的意义。这个词本来有多方面的含义，如语言、说明、比例、尺度等。

赫拉克利特最早将这个概念引入哲学，在他著作残篇中，这个词也具有上述多种含义，但他主要是用来说明万物的生灭变化具有一定的尺度，虽然它变幻无常，但人们能够把握它。在这个意义上，逻各斯是西方哲学史上最早提出的关于规律性的哲学范畴。亚里士多德用这个词表示事物的定义或公式，具有事物本质的意思。西方各门科学如生物学、地质学中词尾的"学"字（-logy），均起源于逻各斯这个词，"逻辑"一词也是由它引申出来的。

黑格尔很重视"逻各斯"概念，他将赫拉克利特提出的逻各斯主要解释为理性，后来一些哲学史家也跟从他的说法。但最近一些哲学家则倾向于将赫拉克利特所说的逻各斯解释为尺度、规律。

假相

英国近代哲学家培根提出"假相"的哲学概念。拉丁文为"idolae",又译为偶像、幻象,意思是使人陷于谬误的、种种不良的心理习惯和虚妄观念,是阻挠人们获得真理性认识的障碍。

培根提出"四假相说"。

其一,种族假相,指人们常把自己的本性掺杂到事物的本性中,因而歪曲事物的真相。他认为这是人类共有的天性。

其二,洞穴假相,指人们从自己的个性、爱好、所受教育、所处环境出发去观察事物时受到的局限,这是个人独有的偏见。

其三,市场假相,指因词语的不准确、多义性,人们在彼此交往、互通信息的活动中,会按照自己的意愿解读信息,由此造成理解上的混乱。

其四,剧场假相,指盲目顺从权威或流行的各种哲学和科学原理、体系而产生的谬误。

培根认为,只有坚决否定和摒弃这些假相,人们的理解力才能得到彻底解放,人们才能进入以科学为基础的王国。培根的"四假相说"是对人类认识产生谬误的根源的探索和尝试,也是对经院哲学的权威主义、烦琐主义、教条习气、伪科学等有力的揭露和批判。

实体

"实体"是古希腊哲学家亚里士多德首创的一个重要哲学概念，也是后来西方哲学史上许多哲学家使用的重要哲学范畴，又译为个别本体。其含义一般是指能够独立存在的、作为一切属性基础和万物本原的东西。

亚里士多德认为实体是独立存在的东西，是一切属性的承担者，从语言和逻辑上说它处于主词的地位，其他表示数量、性质的范畴依附于实体，处于宾词的地位，只能用来说明主词。他认为实体的主要特征是：它是"这个"而不是"如此"，是独立的，可以分离存在的；实体在保持自身不变的同时，允许"由于自身变化"而产生不同的性质。例如，同一个人可以有时健康，有时生病，但仍是这个人；实体是变中不变的东西，是生成变化的基础。对此，亚里士多德明确指出："这是实体最突出的标志。"

根据这些标准，亚里士多德认为个体，如一个人、一匹马，才是真正的、第一性的、有确切意义的"实体"，是其他所有东西的基础和主体。人、动物这些一般的"属"和"种"则是第二实体。这体现了亚里士多德的唯物主义思想。

形式

"形式"是亚里士多德和中世纪哲学曾使用过的哲学概念。培根沿用它并赋予其新的内容,用来指称事物的内在结构或规律。

在亚里士多德看来,形式、质料和具体事物都是实体,有时甚至可以说只有形式才是实体。

但培根则认为物质性的事物才是实体,形式只是物质的结构。他坚持形式与事物的性质是不可分离的观点。他在《新工具》中明确指出:"形式不是别的,正是支配和构造简单性质的那些绝对现实的规律和规定性。"他认为形式是物体性质的内在基础和根据,是物质内部所固有的、活生生的、本质的力量。物质之所以具有自己的个性,形成各种特殊的差异,都是由于物质内部所固有的本质力量,即形式。人们只要认识和掌握了形式,就可以在极不相同的实体中抓住自然的统一性,就可以在认识上获得真理,在行动上得到自由。他把发现和认识形式看作人类认识的目的。

自因

17世纪法国哲学家笛卡尔在《形而上学沉思》中使用过"自因"的概念,他认为上帝是自因。

17世纪荷兰哲学家斯宾诺莎批判地继承和发展了笛卡尔的思想,把自因作为他自己哲学体系中的一个重要范畴。他在《伦理学》中说:"我把自身的原因理解为这样的东西,它的本质就包含着存在,或者它的本性只能为设想存在着。"在他看来,实体,即无所不包的统一的自然,是独立存在的,自然就是它自身存在和活动的原因。他要求从自然界事物自身的相互作用来说明事物,既不能孤立地观察,更不能在自然之外去寻求原因。斯宾诺莎的自因学说既坚持了唯物主义观点,又包含了辩证法思想。

黑格尔发挥斯宾诺莎这一思想,用以说明原因与结果的辩证关系。他在《哲学全书》中指出,原因,真正地讲,就是自因,因为只有在结果中,原因才能变成现实,才能成为原因。

第一推动者

古希腊亚里士多德提出的哲学术语,有"善""理性"或"神"。在他的《形而上学》中对此作了表述。

他认为，运动是永恒的，因此必然有永恒的运动原因。这个原因本身不能再是运动的，否则就得再找一个更高一级的动因。他称自身不动的永恒的动因是第一推动者，也称不动的动者。他认为形式和质料、潜能和现实是相对的，事物的发展是质料形式化的过程，是潜能向现实转化的过程，也是从低级向高级发展的过程。从逻辑上讲，在发展的最高点就是不带任何质料的纯形式，即没有任何潜能的纯现实，不动的永恒的动因，这就是"善""理性"或"神"。

绝对观念

"绝对观念"是黑格尔提出的哲学概念，又称绝对理念，是作为一切存在的共同本质和根据的某种无限的客观的思想、理性或精神。自然、社会、人的思维是它特殊存在的不同形态；艺术、宗教、哲学是它认识自身的不同方式。广义的绝对观念同绝对精神互用，狭义的绝对观念指尚未表现为自然和人类精神的逻辑理念，从抽象到具体的辩证发展的最高阶段和最后结果。

实践范围

人的所有实践活动都是在一定范围内进行的。"实践范围"这个词，曾被许多哲学家，特别是唯物论哲学家频繁地使用。但是在多数场合，它只被当作无需深究的定语或补语，未将其作为研究的主要对象。因而，实践的哲学有如无缰之马，往往不经意地闯入荒谬的境地。离开实践范围的研究，一切关于人的认识的此岸性，以及认识论与本体论相统一的论证，都成了不着边际的事情。

实践是人类生存和发展的基础，实践范围是因人的实践从自在的物质世界区别出来的部分。人们以自己的感观能力为尺度，将物质世界一分为二：人们感觉到的部分为人类的实践范围，在这个范围之外的则仍属于自在范围。实践范围所囊括的空间层次和时间跨度都是有限的，只表现为事物的部分属性和运动形式。

二律背反

"二律背反"是18世纪德国古典哲学家康德提出的哲学概念，意指对同一个对象或问题所形成的两种理论或学说虽然各自成立但相互矛盾的现象。

纯粹理性的二律背反的发现，在康德哲学形成过程中具有重要意义，它使康德深入了对理性的批判，不仅发现了形而上学陷入困境的根源，而且找到了解决问题的途径。

康德将二律背反看作源于人类理性追求无条件东西的自然倾向，因而是不可避免的，他的解决办法是不把无条件者看作认识的对象而视之为道德信仰的目标。他虽然对二律背反的理解主要是消极的，但也揭示了理性的内在矛盾的必然性，从而对黑格尔的辩证法产生了深刻影响。

生命之流

"生命之流"是法国生命哲学家伯格森提出的哲学概念，又称为生命冲动。

伯格森认为，宇宙的本质不是物质，而是一种生命之流，即一种盲目的、非理性的、永动不息的而又不知疲倦的生命冲动，它永不间歇地冲动变化着，故又称绵延。生命之流的运动犹如一个漩涡之流，生命向上冲，物质向下落，二者的碰撞结合产生了生物。处于漩涡中心的是人的生命和意识，其次是动物的生命，外缘是植物的生命。而脱离漩涡下落的是物质，物质是堕落的生命。

第三章

中国哲学流派

儒家

作为华夏固有价值体系的一种表现，儒家并非通常意义上的学术或学派。一般来说，特别是先秦时期，儒家学派也只是诸子百家之一，与其他诸子一样，地位本无所谓主从关系。

"儒，柔也，术士之称。"（《说文解字》）早期的儒，称为术士，这就是儒的本意——柔。

儒学起源于东周春秋时期，自西汉武帝时期起，成为中国社会的正统思想。如果从孔子算起，儒学绵延至今已有2500余年的历史。孔子死后，儒家分为八派：子张之儒、子思之儒、颜氏之儒、孟氏之儒、漆雕氏之儒、仲良氏之儒、孙氏之儒、乐正氏之儒。宋代以后又出现了几派，主要有：以周敦颐为代表的濂学、以张载为代表的关学、以二程为代表的洛学、以朱熹为代表的闽学、以王艮为代表的泰州学派、以东林党为代表的东林学派，以及从乾隆到嘉庆年间的乾嘉学派。

道家

道家学派是在老子思想基础上发展起来的一个学派。因为它推崇老子提出的道，主张一切行为都遵循于道，所以人们称其为道家。先秦时期的道家思想，以老子、庄子为主要代表。

不过，用"道"一字来概括由老子开创的这个学派是由汉初开始的。道家也被称为德家。汉代淮南王因谋反而自杀，使用的理论是黄老之学，黄老之学的无为而治由此受到严重挑战，道家思想逐渐走向衰落。

道家讲究顺从自然，清静无为，为人处世要顺从时势、遵循自然规律，要像解牛高手一样，游刃于牛骨的空隙之间，让牛体自然解开。虽然自汉武帝独尊儒术后，道家作为一个独立的思想流派已不复存在，但产生了经久不衰的影响。文景之治、贞观之治、开元盛世、康乾盛世无一不是黄老思想的产物，而两宋时期经济文化的高度繁荣、明末清初的启蒙思潮，也均与黄老思想有着密切的联系。

墨家

墨家是中国古代主要哲学派别之一，约产生于战国时期，创始人为墨翟。

墨家是一个有领袖、有学说、有组织的学派，他们有强烈的社会实践精神。墨者们吃苦耐劳、严于律己，把维护公理与道义看作义不容辞的责任。

前期墨家在战国初期就有很大影响，它的社会伦理思想以兼爱为核心，提倡兼以易别，反对儒家所强调的社会等级观念。它提出兼相爱，交相利，以尚贤、尚同、节用、节葬作为治国方法。它还反对当时的兼并战争，提出非攻的主张。前期墨家在认识论方面提出了以经验为基础的认识方法，主张"闻之见之""取实与名"。

后期墨家汇合成两支：一支注重认识论、逻辑学、几何学、几何光学、静力学等学科的研究，是谓墨家后学（亦称后期墨家）；另一支则转化为秦汉社会的游侠。前者对前期墨家的社会伦理主张多有继承，在认识论、逻辑学方面成就颇丰。后期墨家除肯定感觉经验在认识中的作用外，也承认理性思维在认识中的作用，对前期墨家的经验主义倾向有所克服。它还对"故""理""类"等古代逻辑的基本范畴作了明确的定义，区分了"达""类""私"三类概念，对判断、推理的形式也进行了研究，在中国古代逻辑史上占有重要地位。

法家

法家是中国历史上提倡以法治为核心思想的重要学派。其思想先驱可追溯到春秋时期的子产，实际创始者是战国时期的李悝、商鞅、慎到、申不害等。战国末期的韩非子是法家思想的集大成者，他建立了完整的法治理论和朴素唯物主义的哲学体系。

法家思想同中国封建土地关系的产生与发展相联系，是地主阶级取代奴隶主贵族统治的理论表现。在奴隶社会中，礼是奴隶主贵族统治的政治体系和道德规范。春秋时期以来，周礼逐步失去了原有的威力，法家旧有的典章制度也随之衰落。为适应封建土地关系发展的需要，奴隶主贵族中出现了一批改革家，如齐国的管仲、晋国的郭偃、郑国的子产等人，他们颁布法令与刑书，改革田赋制度，促进封建化进程，成为战国时期法家学派的思想先驱。其中，管仲和子产既强调法制，又重视道德教化。

在哲学上，法家坚持唯物主义，管仲及其后继者提出"天不变其常，地不易其则"的观点，子产则提出"天道远，人道迩，非所及也"的命题，承认自然界有其客观的规律，反对天人感应的迷信观念。

名家

名家是先秦时期诸子百家之一,是以思维的形式、规律和名实关系为研究对象的哲学派别,战国时期称刑名家或辩者,西汉时期始称名家,名家学派主要代表人物有邓析子、尹文子、惠子、公孙龙。

名家主要活跃在先秦的春秋战国时期,以善于辩论,善于语言分析而著称于世。作为一个思想流派的名家,它的思想与现代汉语所说的"名家"是不同的。这个"名"不是有名、出名的意思,而主要是指事物的名称、概念。

由于种种原因,名家这个学派后来几乎没有继承人,所以人们在谈到先秦诸子的时候,甚至还有可能忽略它。

纵横家

"纵横",即合纵连横。所谓纵横家,指战国时以从事政治外交活动为主的一派,是诸子百家之一。鬼谷子,姓王名诩,因隐居在云梦山鬼谷,故自称鬼谷先生,为纵横家之鼻祖。

纵横家杰出代表人物有:苏代、姚贾、苏秦、张仪、公孙衍。《汉书·艺文志》将其列为"九流十家"之一。据《韩非子》

载:"纵者,合众弱以攻一强也;横者,事一强以攻众弱也。"纵横家们审时度势、事无定主、反复无常,设计谋划多从主观的政治要求出发。

合纵派的主要代表是苏秦,连横派的主要代表是张仪。二人均师从鬼谷子。苏秦游说六国,采用"合纵"战,联合起来共同对抗强大的秦国;而张仪则代表秦国到各国游说,让各国与秦国联合攻击别国,即连横。

阴阳家

阴阳家是流行于战国末期到汉初的一种学派,齐人邹衍是其代表人物。《史记》称其:"深观阴阳消息,而作迂怪之变。"《吕氏春秋》也直接受到邹衍学说的影响。大体而言,邹衍的阴阳家思想表现在将自古以来的数术思想与阴阳五行学说相结合,并试图进一步发展,用来建构宇宙图式,解说自然现象的成因及变化法则。

在自然观上,阴阳家利用《周易》经传的阴阳观念,提出了宇宙演化论,又从《尚书·禹贡》的"九州划分"提出"大九州说",认为中国为赤县神州,内有小九州,外则为"大九州"之一;在历史观上,把《尚书·洪范》的五行观改造为"五德终始论",认为历代王朝的更替兴衰均由五行所主运;在政治伦理上,亦"止乎仁义节俭,君臣上下六亲之施",赞成儒家仁义学说。同时，阴阳家强调"因阴阳之大顺"，包含若干天文、历法、气象和地理学的知识，有一定的科学价值。

禅宗

禅宗是中国佛教的一个宗派。禅宗以菩提达摩为中国始祖，故称达摩宗，因其得佛心印为佛陀之正统法脉，又称佛心宗。达摩于北魏末活动于洛阳，倡二入四行之修禅原则，以《楞伽经》授徒。

传法弟子为二祖慧可，慧可之传法弟子为三祖僧璨，其传法弟子为四祖道信。道信传法弟子为五祖弘忍，立东山法门，为禅宗五祖。门下有神秀、传法弟子六祖惠能二人分立为北宗渐门与南宗顿门。神秀住荆州玉泉寺，晚年入京，为三帝国师，弟子有嵩山普寂、终南山义福；惠能居韶州曹溪宝林寺，门下甚众，以惠能为六祖，后为禅宗正宗。惠能大师谥号为大鉴禅师，其传法弟子颇多，如南岳怀让禅师、青原行思禅师、永嘉玄觉禅师等。之后南岳怀让禅师之得法弟子马祖道一禅师确立了丛林制度，规范了道场。马祖道一禅师之传法弟子百丈怀海禅师更制定了清规规范门人，故佛教称之为"马祖建丛林，百丈立清规"。自六祖后不再传大位，也就是说没有第七祖，因为禅宗真正要传的法脉不是衣钵而是心印，心印延续至今，不曾断绝。

六祖惠能是禅宗的发扬光大者，惠能以后，禅宗广为流传，到唐末五代达到鼎盛。禅宗对中国古文化的发展具有重大影响。

宋明理学

宋明理学是儒学的一种历史表态，是对隋唐以来逐渐走向没落的儒学的一种强有力的复兴。这个复兴儒学的运动，先由隋唐之际的王通发声，再由唐代中期的韩愈、李翱、柳宗元诸人继其后，至两宋时期蔚为大观，形成了一场声势浩大又影响久远的儒学运动。

在时间上，这场儒学运动持续到明清之际，但影响至当代；在空间上，这场儒学运动不限于儒学的故乡，还对东亚诸国产生了深远的影响。

宋明理学反映了中国古代社会有思想、有见解的中国人在思考和解决社会现实问题与文化发展的哲学智慧。它深刻影响了中国文化的发展，甚至成功地重新确定了儒学的正统地位。

宋明理学代表人物：北宋五子，即周敦颐、张载、程颢、程颐、邵雍，南宋朱熹、陆九渊，明代王阳明。就主导思潮而言，理学代表人物可概括为"程朱陆王"。

按现代学术界的做法，可以把宋明理学体系划分为四派，即气学（以张载为代表）、数学（以邵雍为代表）、理学（以二程、朱熹为代表）、心学（以陆九渊、王阳明为代表）。

第四章

外国哲学流派

亚里士多德学派

公元前343年,亚里士多德应马其顿国王腓力二世的邀请,从雅典回到故乡马其顿,成为当时年仅13岁的亚历山大大帝的老师。公元前335年,腓力二世去世,亚里士多德又回到雅典,并在那里建立了自己的学园。学园的名字以阿波罗神殿附近的杀狼者(吕刻俄斯)来命名。在此期间,亚里士多德一边讲课,一边撰写了多部哲学著作。

亚里士多德死后,该派由他的弟子继承下来。公元前287年以前,领导该派的是泰奥弗拉斯多。他继承了自己老师的研究方向,尤其致力于生物学的研究,在植物学和逻辑学方面也作出了贡献。在哲学上,他提出了物质自己运动的观点,反对在自然界中寻找目的因。公元前287—前269年,该派由斯特拉图领导。

公元前1世纪,该派继承者安德罗尼科重新开始对亚里士多德学说进行研究,但他主要是对亚里士多德著作进行校勘、整理、编纂和注释。公元6世纪初，拜占庭皇帝尤斯底年下令禁止亚里士多德学说传播，该派因此瓦解。

柏拉图学园

柏拉图学园即柏拉图创立的学园，又叫阿加德米学园。今天大学的"学院"就是从"阿加德米"这个词演变来的。

公元前399年，苏格拉底受审并被判死刑，柏拉图逃往梅加腊避难。公元前387年，柏拉图回到雅典并创办了学园。学园的名字与学园的地址有关，学园所在地又与希腊的传奇英雄阿卡德穆有关，因而以此命名。

柏拉图学园存续900余年，直到公元529年被查士丁尼大帝关闭。该学园受毕达哥拉斯学派的影响较大，其课程设置类似于毕达哥拉斯学派的传统课程，包括算术、几何学、天文学以及声学。

伊壁鸠鲁学派

伊壁鸠鲁学派作为最有影响的学派之一延续了4个世纪。伊壁鸠鲁学说广泛传播于希腊—罗马世界。伊壁鸠鲁学派的著名代表有菲拉德谟和卢克莱修。哲学长诗《物性论》，系统地宣传和保存了伊壁鸠鲁学说。

伊壁鸠鲁学派宣扬无神论，认为人死魂灭，这是人类思想史上的一大进步，同时又提倡寻求快乐和幸福。但他们所主张的快乐绝非物欲享受之乐，而是心灵宁静之乐。伊壁鸠鲁学派生活简朴，目的就是要抵制奢侈的生活对一个人身心的侵袭。

犬儒学派

犬儒主义者奉行简单的生活方式。在他们看来，除了必须满足自然的需求外，其他的任何东西，包括社会生活和文化生活，都是不自然的、无足轻重的。如此，他们的行为无拘无束、我行我素、无所顾忌、虚荣自负、傲视一切、自我欣赏。他们不要家庭，不要子女，如果结婚，则夫妻同为犬儒。犬儒主义诗人克拉底和女犬儒主义者喜帕契亚就是一对犬儒夫妇。

犬儒学派是希腊城邦制度的现实产物，也是希腊城邦文化的叛逆产物。希腊城邦制度的繁荣孕育了犬儒主义这个极端化的产儿，城邦制度的衰落催生了它。对这个学派而言，生命的目的与其说是成就某种积极的善，倒不如说是逃避不幸。

经院哲学

经院哲学原意为学院中人的思想，又译作士林哲学。经院哲学有两个基本特征：一是它以经院（即教会或修道院办的学校）为生存环境；二是它以辩证法为操作原则。

经院哲学并不研究自然界和现实生活中的事物，它的主要任务是研究神灵、天使和天国中的事物，对天主教教义、教条进行论证。

智者运动

大约公元前5世纪希腊开始了智者运动，代表人物是普罗泰戈拉，提出"人是万物的尺度"，把人置于社会和世界的中心，这是人类自我意识的第一次觉醒。智者运动是西方人文精神的起源，普罗泰戈拉是西方第一次思想解放运动的先驱。

智者运动对哲学的发展方向、主题和方法产生了深远的影响。在希腊文中，"智者"这个词最早用来指诗人、音乐家、预言家。然而到了公元前5世纪后期，智者则专门指那些以传授智慧为职业，并在公众事业中有所成就的人。

据柏拉图说，当时负有盛名的智者普罗泰戈拉的学生都来自名门望族，他们的目标或是成为政治家，或是成为职业智者。

对智者而言，传授知识是为了挣钱。每一个来学习的人都要交纳学费。不交纳学费，是不能成为智者的学生的。在这方面，智者与希腊早期的自然哲学家形成了鲜明的对比。可以说，早期的哲学家是以智慧为追求目标的爱智慧的人。虽然智者也是有智慧的人，但智慧只是他们用来达到某种目的的手段。这一点后来遭到了柏拉图的强烈批评，他把智者斥为"批发或零售精神食粮的商人"。

毕达哥拉斯学派

毕达哥拉斯学派是一个专门研究数学的学派，它不仅是一个学术团体，而且是一个有着神秘主义倾向的宗教团体。这个团体的成员，不仅要掌握有关数学、音乐等方面的知识，还要遵守很多禁忌和规定。

毕达哥拉斯建立的这个团体，男女都可以加入；财产是公有的，而且有一种共同的生活方式，甚至在科学和数学领域的发现也被认为是集体的。

毕达哥拉斯学派的主张和观念曾引起萨摩斯公民的不满，毕达哥拉斯为了避开舆论，只好离开自己的出生地，定居在克罗托内城，重新建立学派。由于毕达哥拉斯参与政治活动，因此后来被杀害，他的门徒散居到希腊其他的学术中心，继续传播他的思想约达200年之久。

实证主义

实证主义又称实证论、实证哲学，是强调感觉经验、排斥形而上学传统的西方哲学派别，由法国哲学家、社会学始祖孔德等人提出。

实证主义的中心论点是：事实必须是透过观察或感觉经验，去认识每个人身处的客观环境和外在事物。实证论者认为，虽然每个人接受的教育不同，但人们用来验证感觉经验的原则并无太大差异。实证主义的目的在于希望建立知识的客观性。

孔德认为人类并非生而知道万事万物，必须通过学习，从不同的情境中获得知识。透过直接或间接的感觉、推知或体认经验，并且在学习过程中进一步推论还没有经验过的知识。实证主义反对神秘玄想，主张以科学方法建立经验性的知识，超越经验或不是经验可以观察到的知识，不是真的知识。孔德在其所写的《实证哲学教程》一书里，认为人类进化分成三个阶段。

一是神学阶段，人类对于自然界的力量和某些现象感到惧怕，因此就以信仰和膜拜来解释和面对自然界的变化；二是形而上学阶段，人们用超经验的抽象概念（实体）代替了超自然的神灵，摧毁了人们对神学的坚定信念；三是实证阶段，也就是科学的阶段，运用观察和理性的力量去说明、解释现象，探求事物彼此的关系，以此获得的结果，才是正确可信的。

实用主义

实用主义产生于19世纪70年代，20世纪在美国成为一种主流思潮，对法律、政治、教育、社会、宗教和艺术的研究产生了很大的影响。

实用主义的特点在于把实证主义功利化，强调生活、行动和效果，它把经验和实在归结为行动的效果，把知识归结为行动的工具，把真理归结为有用、效用或行动的成功。

实用主义的要义体现在这一观点中：认识的任务，不是反映客观世界的本质和规律，而是认识行动的效果，从而为行动提供信念。

实用主义现在已经不再是一种运动了，但仍然是一种非常有影响的思想体系，它把哲学从一种人生观的思想体系降为一种研究问题和澄清信息的批判方法，把知识解释为一个评价过程，将科学探索的逻辑作为人们处世待物的行为准则。其代表人物有皮尔士、杜威、詹姆斯等。

存在主义

存在主义又称生存主义，是当代西方哲学的主要流派之一。这一名词最早由法国有神论的存在主义者马塞尔提出。

存在主义以人为中心、尊重人的个性和自由，认为人是在无意义的宇宙中生活，人的存在本身也没有意义，但人可以在存在的基础上自我造就、活得精彩。存在主义最著名的观点是萨特的格言："存在先于本质。"意思是说，除了人的生存之外，没有理所当然的道德或体外的灵魂；道德和灵魂都是人在生存中创造出来的；人没有义务遵守某个道德标准或宗教信仰，人有选择的自由；评价一个人，要评价他的所作所为，而不是评价他是个什么人物。

存在主义否认神或其他任何预先定义的规则的存在。萨特反对任何人生中"阻逆"的因素，因为它们缩小人自由选择的余地。假如没有这些阻力，那么一个人唯一要解决的问题是他选择哪一条路走。

萨特也提出："他人是地狱。"这一观点看似与"人有选择的自由"观点相矛盾，其实每个人的选择都是自由的，但对于选择产生的结果，每个人都有无法逃避的责任。人在选择的过程中，面对的最大问题就是他人的选择，因为每个人的自由都可能影响他人的自由，所以称他人是地狱。

人格主义

人格主义是现代西方宗教哲学流派之一，强调哲学研究的对象不是物质世界，而是人或自我。人格主义形成于19世纪末，以美国为中心，主要创始人是美国哲学家鲍恩；20世纪30年代，法国的代表人物是穆尼埃和拉克鲁瓦。

人格主义认为世界的本原是"人格"，"人格"才是哲学的真正对象和一切哲学问题的核心。正如人格主义主要代表布莱特曼所说："从广义上来说，人格主义是这样一种思想方法，它把人格当作解决一切哲学问题，不论是价值问题、认识论问题或形而上学问题的钥匙。"

解构主义

解构主义在20世纪60年代源起于法国，德里达是解构主义思潮的领袖。

德里达以《文字语言学》《声音与现象》《书写与差异》三部书的出版宣告了解构主义的确立，形成以德里达、巴尔特、福科、曼等理论家为核心并互相呼应的解构主义思潮。解构主义直接对人类文化传播载体——语言提出了挑战。德里达以人的永恒参与为理由，认为写作和阅读中的偏差永远存在。他把解除"在场"作为理论的思维起点，以符号的同一性的破裂，能指与所指的永难弥合，结构中心性颠覆为"差异性"的意义链为自己理论的推演展开。

德里达说，解构分析的主要方法是去看一个文本中的二元对立（比如说，男性与女性、同性恋与异性恋），并且呈现出这两个对立面事实上是流动与不可能完全分离的，而非两个严格划分开来的类别。通常的结论就是，这些分类实际上不是以任何固定或绝对的形式存在的。

生命哲学

生命哲学在19世纪末—20世纪初流行于德法等国，是在叔本华的生存意志论、尼采的权力意志论、达尔文的生物进化论、斯宾塞的生命进化学说，以及法国居约的生命道德学说的影响下形成的。

德国哲学家狄尔泰最早用"生命哲学"一词来表示他的哲学。德国哲学家奥伊肯也是这股思潮的主要代表人物。新康德主义者如文德尔班、李凯尔特等人，严格区分了自然科学与价值论（或文化哲学、精神科学），也对生命哲学的发展给予了有力的推动。

20世纪初，德国杜里舒的生机主义，法国柏格森的创造进化论，试图从生命的进化或生物学的立场，为生命哲学建立自然科学的基础。

生命哲学是对19世纪中期的黑格尔主义和自然主义或唯物主义的一种反抗。生命哲学家不满意黑格尔所主张的严酷的理性，不满意自然主义或唯物主义所依据的因果决定论，认为这些思想是对个性、人格和自由的否定。他们要从生命出发去讲宇宙人生，用意志、情感和所谓的实践或活动充实理性的作用。

唯意志主义

唯意志主义又译为唯意志论，是19世纪出现的一种唯心主义思潮。

唯意志论者主张将意志、情感等本能冲动置于理性之上，即意志高于理性，而且将意志看作宇宙的本质基础、真相，认为意志创造世界万物。唯意志论的主要代表有德国的叔本华、尼采，英国的卡莱尔，法国的居约、布特鲁。

叔本华认为，意志是一种完全敌视客观世界的能量，即一种盲目的、不可遏止的冲动。他把这种意志说成是世界的基础、本源，是世界的内在内容和本质。"世界上形形色色的事物，都是这个意志的表现、客观化，世界只是这个意志的一面镜子。"

尼采继承了叔本华的理论，把论证社会强者的权力意志当作他的哲学的根本目标，以至把整个世界都看作是权力意志的体现，建立了权力意志论。

后现代主义

后现代主义是20世纪70年代后被神学家和社会学家经常使用的一个词，后现代思维在哲学上保持一种对于逻辑性观念与结构性阐释的"不轻信、怀疑"的态度。这种态度导致其本身对于思想、事物以及外在感觉的愿望缺失，因为在后现代者看来，他们的思考无从依靠，他们既不肯定历史的经验，也不相信意义的本源及其真实性，对未来更无所希冀。

除了怀疑之外，他们的思想在理性思维者看来几乎是凝滞的，他们只能寄生在现代启蒙理性之上做个"捣蛋鬼"。因此大部分学者都习惯于使用启蒙的眼光和理性的词汇，把后现代当作一个对立面来阐释，于是一大批具有明确指向性的词语（如颠覆、反叛、否定、拒绝、抵制等）在后现代的定义中大行其道，一时间，后现代是哲学上的破坏者、叛逆者的形象深入人心。

经验批判主义

经验批判主义是19世纪70年代—20世纪初产生并流行于德国、奥地利的哲学流派。创始人是马赫，经验批判主义也被称为马赫主义。另一位创始人为阿芬纳留斯，其代表作为《纯粹经验批判》。

经验批判主义强调经验的重要性，把感觉经验看作是认识的界限和世界的基础，认为作为世界第一性的东西既不是物质也不是精神，而是感觉经验。从这一立场出发，强调一切科学理论都不过是假说，它们只有方便与否之分，没有正确与错误之别。经验批判主义曾吸引了不少哲学家和科学家，其思想直接影响了实用主义和实证主义。

经验批判主义在德国、奥地利产生以后，迅速在西方各国流行，为不少自然科学家和哲学家所接受，很快取代了早期实证主义哲学的地位。经验批判主义形成的时期，自然科学特别是物理学领域发生了巨大变革。古典物理学正向现代物理学过渡，新发现的X射线、电子、放射性元素镭等，使人们对物质结构有了新的认识。

第五章

中国哲学人物

老子

老子生活在春秋时期，原名李耳，字伯阳，又称老聃，是我国古代伟大的哲学家和思想家，道家学派创始人。

老子曾在周朝都城洛邑任藏室史（相当于国家图书馆馆长），晚年乘青牛西去。在函谷关（今河南省灵宝市）点化函谷关总兵尹喜，一路西行至盩厔（今陕西省西安市周至县），期间写成了五千言的《道德经》（又称《道德真经》《老子》《老子五千文》）。

关于老子的姓名，历来说法不一。《庄子》中称他为老聃，书中的内篇和外篇都把老子视为前辈，这是战国中晚期道家学派笔下的老子。秦汉之际成书的《礼记》中《曾子问》篇也把老子视为与孔子同时代的长者。也有学者认为可能"老"是老子的姓或氏，其名为聃，故称老聃。《吕氏春秋·不二》也称"老聃贵柔"，名字与思想一致，故老聃就是老子。

老子的思想主张是"无为"，其主要内容见《道德经》。他的哲学思想和他创立的道家学派，对我国2000多年来思想文化的发展产生了深远的影响。老子哲学与古希腊哲学一起构成了人类哲学的两个源头，老子也因其深邃的哲学思想被胡适评价为"中国哲学的鼻祖"。老子的思想被庄子所传承，并与儒家和后来的释家思想一起构成了中国传统思想文化的内核。

孔子

孔子，名丘，字仲尼，春秋时期鲁国（今山东省曲阜市）人，他是中国历史上第一位伟大的教育家，他编撰的《春秋》开私人修史先例，他的学说成为中国2000余年封建文化的正统思想的本源，他因此被尊为"圣人"。

大约公元前551年，孔子诞生在鲁国。鲁国东南有一座昌平山，山下即古昌平乡，古昌平乡东有一座不太高的小山，名叫尼丘山。父母因此给他起名为丘，字仲尼。

孔子13岁开始上学，30岁时办起了私学。孔子培养学生有一套独特的方法，他善于循循善诱，教学成效显著，弟子中精通"六艺"的门生就有72人之多。

孔子在教育上是成功的，在仕途上却屡屡碰壁。他渴望得到一位贤明君主的重用，出仕从政，实现自己的政治理想。可当时诸侯国之间争战不休，没有人对此感兴趣，用他自己的话说，犹如丧家之犬，到处受到驱逐。他周游各国，历尽磨难，最后，返乡时已经68岁了。

孔子总结积累了许多有益的教育理念和教学方法，比如他提倡有教无类；注重因材施教；主张"温故而知新""多闻阙疑""学而不思则罔，思而不学则殆""不愤不启，不悱不发"等一系列行之有效的教学方法。他也为保存古代文献作出了巨大贡献，编撰《春秋》，开创了私人修史的先例，这在中国历史上具有创造性贡献。孔子办教育，成"六艺"，在中国古代是空前绝后的伟业。

孔子对中国古代思想史、文化史和教育史所作的卓越贡献，奠定了他"万世师表"的"文圣"地位。

庄子

庄子，名周，战国时期，宋国人。他崇拜自然、蔑视权威、追求个体的精神自由；他的文章气势恢宏、机智辛辣，是战国中期道家思想的集大成者。

庄子为人清高孤傲、淡泊名利。他忘情山水之间，逍遥自在，在身体上逃避现实，在精神上超凡脱俗。

庄子生活的时代，正值百家争鸣的繁荣时期，与世无争的庄子把道家哲学思想用妙趣横生的寓言来阐述，行文汪洋恣肆，含义深刻且想象力丰富。他创造的众多词汇丰富了祖国的语言宝库，比如"鹏程万里""白驹过隙"等，至今还常常被人们引用。

墨子

墨子，名翟，战国初期伟大的思想家，墨家学派的创始人。

墨子哲学思想的主要贡献是在认识论方面。他以"耳目之实"的直接感觉经验作为认识的唯一来源，他认为判断事物的有与无，不能凭个人的臆想，要以大家所看到的和听到的为依据。墨子从这一朴素唯物主义经验论出发，提出了检验认识真伪的标准。

墨子把"事""实""利"综合起来，以间接经验、直接经验和社会效果为准绳，努力排除个人的主观成见。在名实关系上，他提出"非以其名也，以其取也"的命题，主张以实正名，名副其实。墨子的认识论也有很大的局限性，他忽视理性认识的作用，片面强调感觉经验的真实性。他曾仅以有人"尝见鬼神之物，闻鬼神之声"为依据，便得出鬼神之有的结论。

墨子在政治上提出了"兼爱""非攻""尚贤""尚同""节用""节葬""非乐"等主张。兼以易别是他的社会政治思想的核心，非攻是其具体行动纲领。他认为只要大家兼相爱，交相利，社会上就没有强凌弱、贵傲贱、智诈愚和各国之间互相攻伐的现象了。他对统治者发动战争带来的祸害以及平常礼俗上的奢侈逸乐，都进行了尖锐地揭露和批判。在用人原则上，墨子主张任人唯贤，反对任人唯亲，主张"官无常贵，而民无终贱"。他还主张从天子、诸侯到各级官员，都要选择天下之贤可者来充当；而百姓与国君，都要服从天志，做到"一同天下之义"。

董仲舒

董仲舒，西汉时期著名的思想家、哲学家、教育家，是人称汉代孔子的经学大师。

董仲舒主张统治者应实行德治，以礼乐教育感化百姓。他用阴阳五行思想解释德治的合理性，指出德治乃是上天的意志，皇帝身为上天的儿子，是上天在人间的唯一代表，因此就应该遵从上天的意志，实行德治，以德抚民。他又以周秦以来的政治得失为例，尤其以秦王朝迅速灭亡的教训为例，论证实行德治是治国之本。

他认为严刑峻法是促使秦王朝灭亡的重要原因。因此，他在奏章中抨击法家学派的主张，力倡儒家以德治为主、以刑罚为辅的政治思想。同时董仲舒发挥其学问专长，从公羊学家的立场出发，指出孔子作《春秋》的本义即在于主张大一统。汉继秦后，虽然实现了政治上的统一，但鼓励各家学说竞相传播的文化政策却并不利于汉王朝的长治久安。因此，董仲舒向汉武帝建议：凡不属于儒家"六经"的科目，不同于孔子、儒家学说的理论和主张，都要加以禁止，即所谓"罢黜百家，独尊儒术"。

董仲舒使儒学由诸子而成独尊，由一家融汇百家，影响了汉代乃至其后2000多年的历史。

王充

王充，字仲任，东汉杰出的思想家和唯物主义哲学家，著有唯物主义论著《论衡》。

东汉时期，儒家思想占据支配地位，但与春秋战国时期不同的是，这时候的儒家学说被蒙上了神秘主义色彩的面纱，掺进了谶纬学说，使儒学变成了儒术。汉儒思想体系是董仲舒提出的唯心主义哲学思想，其核心是天人感应说，由此生发出对其他一切事物的神秘主义的解释和看法。天人感应说的主要思想就是上天有意识地创造了人，为人生了五谷万物，而且有意识地生下帝王来统治万民，并立下统治的秩序。王充写作《论衡》一书，就是对这种儒术和神秘主义的谶纬学说进行批判。

王弼

王弼，三国时期曹魏经学家、哲学家，魏晋玄学的代表人物及创始人之一，著有《周易注》《周易略例》《老子注》《老子指略》《论语释疑》等。

王弼抛弃了两汉以来烦琐的经学和谶纬迷信，采用思辨哲学的形式，以探讨宇宙本体问题作为其思想体系的核心。王弼认为万有统一于一个共同的最高本体——"道"或"无"。

王弼把老子"有生于无"的思想引向"以无为本""以有为用"的本体论，认为在自然界之上，有一个非物质性的实体，这个实体是宇宙万物存在的根据，由此建立起"以无为本"的唯心主义本体论学说，又称"贵无论"。

王弼的"圣人有情说"认为，圣人能体现自然之道，"以无为本"，但圣人五情与众人相同，故不能没有哀乐的感情。圣人与众人的区别仅在于"应物而无累于物"。

裴頠

裴頠，字逸民，西晋哲学家，是司马昭政权的幕僚，著有《崇有论》。

裴頠反对王弼、何晏的"贵无论"，提出"崇有论"。在裴頠看来，万有的整体是最根本的"道"，万有不是由"无"产生的，而是自生的，"自生而必体有"。他还认为万物生化有其规律。从"崇有论"出发，他重视现实存在的事物，对轻视事功的放达风气极为不满，试图论证封建等级制的合理性。

裴頠在当时影响很大，被认为是崇有派的领袖。《晋书》将《崇有论》完全载入《裴頠传》中。黄玉顺《咏裴頠》："裴頠逸民称谈薮，何王贵无我崇有。无为乃是君王事，臣子安得拱其手！"

周敦颐

周敦颐，原名敦实，字茂叔，号濂溪先生，北宋大儒，思想家、理学家、哲学家。与邵雍、张载、程颢、程颐并称为"北宋五子"。

周敦颐是我国理学的开山鼻祖，他的理学思想在中国哲学史上起了承前启后的作用。他继承《易传》和部分道家、道教思想，提出了一个简单而有系统的宇宙构成论，说"无极而太极"，"太极"一动一静，产生阴阳万物。"万物生生，而变化无穷焉，惟人也得其秀而最灵。"（《太极图说》）圣人又模仿太极建立人极。"人极"即"诚"，诚是"纯粹至善"的"五常之本，百行之源也"，是道德的最高境界。只有通过主静、无欲，才能达到这一境界。他的学说在学术史上产生了广泛的影响，他所提出的哲学概念，如无极、太极、动静等，也成为后世理学研究的课题。

邵雍

邵雍，字尧夫，自号安乐先生，后人称百源先生，"北宋五子"之一。他融合儒道思想，把《周易》归结为"象"和"数"，从而构造出宇宙发生图式。

邵雍认为，道为天地之本，天地是万物之本。天由道而生，地由道而成，物由道而形，人由道而行。道是无形无象永恒的精神本体，天地万物是它的派生物。而太极又是道之极，产生万物的道存在于太极之中，道生万物的过程是：道生天地。天分阴阳，地分刚柔，刚柔则二分为四。天生动，地生静，这是天地之道。动则生阳，静则生阴。天生出太阳、太阴、少阳、少阴，即日月星辰；地生出太柔、少柔、太刚、少刚，即水火土石。这个道生万物的过程用数表示，为道生一，一为太极；一生二，二为两仪（天地）；二生四，四为四象（日月星辰）；四生八，八为八卦；八生六十四，"六十四具而后天地之数备焉"。

道和太极是静而不动的，发用为"神"，因"神"的变化有数，有数才有象、有器（具体事物），万物生产之后，又经变化归复于太极。他发扬《中庸》"天命之谓性"的观点，提出天下之物，皆有理、有性、有命。"天命"赋我以性，性之在物称谓"理"。"顺理"就是顺其"天命"，能顺"天命"，则无所不通。宋朝理学鼻祖之一的程颢曾在与邵雍交流之后赞叹道："尧夫，内圣外王之学也！"

张载

张载是北宋时期一位重要的思想家，关学的创始人，理学的奠基者之一。其学术思想在中国思想文化发展史上占有重要地位，对以后的思想界产生了较大的影响。

张载认为，宇宙的本原是气。他认为宇宙是一个无始无终的过程，在这个过程中充满浮与沉、升与降、动与静等矛盾的对立运动。他还把事物的矛盾变化概括为"两"与"一"的关系，说："两不立，则一不可见，一不可见，则两之用息。"在认识论方面，他提出"见闻之知"与"德性之知"的区别，见闻之知是由感觉经验得来的，德性之知是由修养获得的精神境界，进入这种境界的人就能"大其心则能体天下之物"。在社会伦理方面，他主张通过道德修养和认识能力的扩充去"尽性"。他主张温和的社会变革，实行井田制，实现均平，富者"不失其富"，贫者"不失其贫"。

张载还提倡"民胞物与"思想。他在《西铭》中说："乾称父，坤称母……民，吾同胞；物，无与也。"乾坤是天地的代称，天地是万物和人的父母，天、地、人三者混合，处于宇宙之中，因为三者都是"气"聚而成的物，天地之性，就是人之性，因此人类是我的同胞，万物是我的朋友，万物与人的本性是一致的。

二程

二程指程朱理学的奠基者，宋代理学的创始人程颢、程颐二人。程颢，字伯淳，又称明道先生；程颐，字正叔，又称伊川先生，世称"二程"。著作有《二程集》。

二程从"理"作为宇宙本体而气化万物出发，在心物观方面，提出"心即是理，理即是心"，所有客观事物是"心"观照的结果。在形神观方面，同样也是"先有心"，而"后有形"，提出只要认识到天地间充满了仁爱，即可消除人物界限，达到天人合一。在人性论上，二程认为人性是理和气结合而成的。从理方面的"天命之性"来看，凡人和圣人一样都具有善质；从气方面的"气质之性"来看，则因气有清浊厚薄，故人有贤愚、善与不善之分，但只要好学，不自暴自弃，也是可以变聪明的。在认识心理思想方面，二程承袭张载的"见闻之知"和"德性之知"的划分，认为"见闻之知"是物交物而知，其中又有亲身经历的真知和间接获得的常知的差异。而"德性之知，不假闻见"，只要知性便知天。在知行关系上，二程主张知先行后："不致知，怎生行得？勉强行者，安能持久？"在认识情欲方面，二程主张"存天理，灭人欲"，认为人之所以为不善，"欲诱之也"，提出要通过敬和唯思等方式来窒欲。

朱熹

朱熹，字元晦，号晦庵、晦翁，又称考亭先生等，南宋著名的理学家、思想家、哲学家、教育家、诗人，闽学派的代表人物，是孔子、孟子以来最杰出的弘扬儒学的大师，世称朱子。

朱熹出生在一个书香世家，他的父亲朱松除了精心钻研儒家经典之外，一有闲暇便亲自教朱熹读书，朱熹从小就接受儒家式的教育。19岁时，朱熹一举考中进士，并很快得到了官职。但在他看来，做官十分枯燥乏味。在处理公务之余，朱熹仍坚持研究儒学及佛家、老庄道家之学。

后来，父亲的好友李侗批评他混淆了儒学与佛、道的界限，因此无法把握儒学的真谛。李侗耐心劝导朱熹放弃佛、道之学，专心钻研儒家圣贤之学。

经过认真思考，朱熹决定接受李侗的建议，把佛、道之学暂时搁下，专研儒学。由博学至专思，这是学术研究的一个新境界。朱熹潜心钻研儒家经典，几年间，学问大有长进。用他自己的话说，"觉得圣贤言语渐渐有味"，于是也渐渐觉得李侗说的很有道理。

朱熹一生著作极多。在他众多的著述中，《四书章句集注》最耗时耗力。毫不夸张地说，《四书章句集注》的每一段文字、每一句注解都是朱熹多年独立思考的结果，是他心血与汗水的结晶。他用自己的生命为儒家的四部重要经典作了精辟的注解。

朱熹用平生心血建立了一个博大精深的理学思想体系，并用极大的热情兴办学院、传播理学。他先后创建了云谷、寒泉、武夷等书院或精舍，重修了白鹿洞书院和岳麓书院。朱熹不仅亲自制定书院院规，还亲任教职，而且时常邀请著名学者来书院讲学、切磋学术，这在中国教育史上是空前的。

陆九渊

陆九渊，字子静，被称为象山先生，南宋著名哲学家、教育家，与当时著名的理学家朱熹齐名，史称"朱陆"。陆九渊是心学的创始人，明代王阳明发展其学说，成为中国哲学史上著名的"陆王学派"，对近代中国理学产生深远影响，被后人称为陆子。著有《象山先生全集》。

陆学直接承于孟子的"万物皆备于我"的心学，认为"人心至灵，此理至明；人皆具有心，心皆具是理"；"宇宙便是吾心，吾心便是宇宙"。他认为人们的心和理都是天赋的，永恒不变的，仁义礼智信等道德品质也是人的天性所固有的。至于读书，他则最重视《大学》《中庸》《论语》《孟子》，要求联系日用实际而讽咏自得，反对习注疏之学。有人曾劝陆九渊著书，他说，"六经注我，我注六经"，又说"学苟知本，六经皆我注脚"。

王阳明

王阳明，名守仁，字伯安，号阳明。因被贬贵州时曾于阳明洞（今贵州省贵阳市修文县）学习，世称阳明先生，是我国明代著名的哲学家，是二程、"朱陆"后的另一位大儒，心学流派的重要代表人物。他在继承思孟学派的"尽心""良知"和陆九渊的"心即理"等学说基础上，创立了王学，或称阳明心学。王学的内在结构是由知行合一和致良知构成的。在这一结构中，王守仁以心（良知）立言，又以良知释心。心（良知）就构成了王学的基石。

在王阳明看来，心是无所不包的。物、事、理、义、善、学等都不在"吾心"之外，亦是"心即理"。但他又认为，良知是心之本体，是人与生俱来的，先验的、普遍的"知"。这种"知"是"不待虑而知，不待学而能也"的本然，是致良知、为圣的内在可能性。同时，他又强调良知是外在的社会伦理道德与内在的个体心理欲求的统一（"天理之在人心"），是与天地万物同体的。正是这个充塞天地的良知（灵明），才使"我"

与万物（包括社会）无间隔地一气流通，互不内外远近地融为一体。也正是这种良知，才感召人们去追求那种"淳德凝道，和于阴阳，调于四时，去世离俗，积精全神，游行于天地之间，视听八远之外"的圣人境界。王阳明的心学极大地强调了主体意识的能动性，赞扬了人格的伟大。

王夫之

王夫之，字而农，号姜斋，别号一瓢道人，明末清初杰出的思想家、哲学家，唯物主义集大成者，与朱舜水、顾炎武、黄宗羲同称明末四大学者。

王夫之学问渊博，对天文、历法、数学、地理学等均有研究，尤精于经学、史学、文学，他最大的成就是在哲学上总结并发展了中国传统的唯物主义。

王夫之的唯物主义观点是中国古代唯物主义思想的发展顶峰。王夫之的哲学论断富有批判精神。他别开生面地注释经学，发挥自己的思想。他把以往的学术明确地划分为"贞邪相竞而互为畸胜"的对立阵营，自觉地继承、发扬易学系统中的朴素辩证法和前人的唯物主义"气一元论"。同时，他把各种宗教神学和唯心唯识之说都归入"异端"阵营，主张对它们"伸斧钺于定论"，给以严厉批判。他又主张采取"入其垒，袭其辎，暴其恃，而见其瑕"的批判方法，对老庄哲学、佛教理论深入研讨，在批判中吸取其中有益的经验，汲取先贤智慧，创立了具有总结历史意义的博大哲学体系。

李泽厚

李泽厚，著名哲学家，1954 年毕业于北京大学哲学系，中国社会科学院哲学研究所研究员，担任过多个国家高等院校的客座教授。

李泽厚以重实践、尚"人化"的"客观性与社会性相统一"的美学观卓然成家。20 世纪 90 年代，李泽厚客居美国，出版了《论语今读》《世纪新梦》等著作，对中国未来的社会建构给予了深厚的人文关怀。其主要著作有《批判哲学的批判——康德述评》《我的哲学提纲》《中国（古代、近代、现代）思想史论》《美的历程》《华夏美学》《美学四讲》《走我自己的路》《世纪新梦》《论语今读》《己卯五说》等。

冯友兰

冯友兰，字芝生，历任中州大学（河南大学前身）、广东大学、燕京大学教授、清华大学文学院院长兼哲学系主任。抗战期间，任国立西南联合大学哲学系教授兼文学院院长。曾获美国普林斯顿大学、印度德里大学、美国哥伦比亚大学名誉文学博士，1952年后一直任北京大学哲学系教授。

1924年冯友兰写成《人生哲学》，作为高中教材之用。在这本书中，冯友兰确立了其新实在主义的哲学信仰，并开始把新实在主义同程朱理学相结合。在燕京大学任教期间，冯友兰讲授中国哲学史，其所著《中国哲学史》作为大学教材，为中国哲学史的学科建设作出了重大贡献。

1939—1946年冯友兰连续出版了六本书，称为"贞元之际所著书"：《新理学》《新世训》《新事论》《新原人》《新原道》《新知言》。通过贞元之际所著书，冯友兰创立了新理学思想体系，成为了中国当时影响最大的哲学家。

第六章

外国哲学人物

苏格拉底

苏格拉底,古希腊著名的哲学家,一位个性鲜明、褒贬不一的历史人物。

少年时期,苏格拉底跟父亲学手艺,熟读《荷马史诗》,靠自学成为了一名很有学问的人。他以传授知识为生,30多岁时做了一名不取报酬也不设馆的社会道德教师。但苏格拉底却常说:我只知道自己一无所知。

苏格拉底的学说具有神秘主义色彩。他认为,天上和地上各种事物的生存、发展和毁灭都是神安排的,神是世界的主宰。他反对研究自然界,认为那是亵渎神灵。他提倡人们认识做人的道理,过有道德的生活。他的哲学主要研究的是伦理道德问题。

苏格拉底无论是生前还是死后,都有一大批崇拜者和反对者。他一生没留下任何著作,传世的也只是追随者,但他的影响却是巨大的。哲学史家往往把他作为古希腊哲学发展史的分水岭，将他之前的哲学称为前苏格拉底哲学。作为一个伟大的哲学家，苏格拉底对后世的西方哲学产生了极大的影响。

柏拉图

柏拉图是古希腊伟大的哲学家，也是整个西方文化中最伟大的哲学家和思想家之一。他和老师苏格拉底、学生亚里士多德称为希腊三贤。

公元前399年，苏格拉底被判处死刑，但在法庭上慷慨陈词，或自辩无罪，或反驳原告，或抨击当局，或直抒胸臆。苏格拉底死后，柏拉图把老师的辩词编写成文。

苏格拉底受审并被判死刑后，柏拉图对现存的政体完全失望，于是游遍意大利、西西里岛、埃及、昔兰尼等地以寻求知识。据说他在40岁时，结束旅行返回雅典，并在雅典城外创立了自己的学校——阿加德米学园，成为西方文明最早的拥有完整组织的高等学府之一，也是中世纪时在西方发展起来的大学的前身。

柏拉图的理念是善，他认为世界由理念世界和现象世界所组成。理念世界是真实的存在，永恒不变，而人类感官所接触到的这个现象世界，只不过是理念世界的微弱影子，它由现象所组成，而每种现象是因时空等因素而表现出暂时变动等特征。由此出发，柏拉图提出了一种理念论和回忆说的认识论，并将它作为其教学理论的哲学基础。

柏拉图著作等身，其代表作有《国家篇》(《理想国》)《法律篇》《斐多篇》等。

亚里士多德

苏格拉底是柏拉图的老师，亚里士多德又受教于柏拉图，这三代师徒都是哲学史上赫赫有名的人物。在雅典的柏拉图学园中，亚里士多德表现得很出色，柏拉图称他是学园之灵。不过亚里士多德在思想上跟老师有分歧。他曾经隐喻过，智慧不会随柏拉图一起死亡。

在哲学上，亚里士多德可以称得上是古代西方最伟大的思想家。他不仅是形式逻辑的创始人，而且研究了辩证思维的最基本形式，成为第一个专门而又系统地研究思维及其规律的人。

亚里士多德在自然科学的发展中也作出了很大贡献，他对天文学、物理学、生物学、医学等方面都有深入的研究。

亚里士多德显示了希腊科学的一个转折点。在他以前，科学家和哲学家都力求提出一个完整世界体系来解释自然现象。他是最后一个提出完整世界体系的人。在他以后，许多科学家放弃了提出完整世界体系的想法，转入研究具体问题。

亚里士多德死后几百年中，没有一个人像他一样对知识有那样系统的考察和全面的掌握，他的著作堪称是古代的百科全书。

德谟克利特

德谟克利特,古希腊伟大的唯物主义哲学家,原子唯物论学说的创始人之一(率先提出万物由原子构成的理论)。他认为,万物的本原是原子和虚空;原子是不可再分的物质微粒,虚空是原子运动的场所;人们的认识是由从事物中流射出来的原子形成的"影像"作用于人们的感官与心灵而产生的。德谟克利特的原子唯物论学说是古希腊唯物主义发展的最重要成果。

德谟克利特主张世界上一切事物都是相互联系的,都受因果必然性和客观规律的制约。他认为,原子在虚空中相互碰撞而形成的旋涡运动是一切事物形成的原因,他称之为必然性。在强调必然性时,他否定了偶然性,把自然界的一切作用都归结为必然性。

德谟克利特的著作涉及自然哲学、逻辑学、认识论、伦理学、心理学、政治、法律、天文、地理、生物和医学等许多方面,据说一共有52种之多,马克思和恩格斯因此赞美他是古希腊"第一个百科全书式的学者"。遗憾的是,到今天大多数都散失或只剩下零散的残篇了。

西塞罗

西塞罗是古罗马最杰出的演说家、教育家，古典共和思想最优秀的代表，罗马文学黄金时代的天才作家。

他是古罗马第一个依据斯多葛派观点系统阐发自然法思想的人。他认为自然法是真正的法律，亦即正确的理性，是衡量是非的准则；成文法必须符合自然法，否则就称不上是法律。在他看来，自然法、上帝与理性是同一的，正义、善、成文法均为它们的体现。所有的人在这永恒不变、普遍适用的自然法面前都是平等的，但不是财产的均等，而是理性的共有。

与古希腊思想家波里比阿一样，西塞罗认为君主、贵族、民主三种政体都有积极因素，也都有趋于腐败的因素，因而理想的政体应该是一种均衡的政体。根据他的方案，在立法、行政、司法、监察机关之间都应存在严格的制约关系，彼此相互牵制，保持一种平衡状态。作为宪政学说的古代先驱，西塞罗在西方思想史中的地位是无可替代的。

伊壁鸠鲁

伊壁鸠鲁14岁开始学习哲学，曾就学于柏拉图学派和德谟克利特学派，并熟悉亚里士多德和阿那克萨戈拉等早期哲学家的哲学思想。伊壁鸠鲁继承、修正和发展了德谟克利特的哲学，建立起一个思想上统一的完整体系。

伊壁鸠鲁认为，哲学的任务是研究自然的本性，破除宗教迷信，分清痛苦和欲望的界限，以便获得幸福生活。因此他的哲学可以分为三个组成部分：物理学、准则学（主要讨论逻辑和认识论问题）和伦理学。

伊壁鸠鲁认为感觉是判断真理的标准。感觉是直接的，无所谓错误，错误只发生在对感觉的判断中。伊壁鸠鲁认为，人的感觉是可靠的，概念来源于感觉，克服了德谟克利特以及古代哲学家对感觉不信任的倾向，反对怀疑论和柏拉图的先验论。

伊壁鸠鲁的伦理学说认为快乐是生活的目的，是天生的最高的善，认为人是以个体快乐为准则的生物。他还认为国家应建立在相互约定的基础上，正义是人们互不侵害的契约，有利于人们相互交往的便是正义的，否则是不正义的。

毕达哥拉斯

毕达哥拉斯，古希腊数学家、哲学家。可以说，最早悟出万事万物背后都有数的法则在起作用的就是生活在 2000 多年前的毕达哥拉斯。

毕达哥拉斯对数论作了许多研究，将自然数区分为奇数、偶数、素数、完全数、平方数、三角数和五角数等。在毕达哥拉斯派看来，数为宇宙提供了一个概念模型，数量和形状决定一切自然物体的形式，数不但有量的多寡，而且具有几何形状。在这个意义上，他们把数理解为自然物体的形式和形象，是一切事物的总根源。因为有了数，才有了几何学上的点，有了点才有线、面和立体，有了立体才有火、气、水、土这四种元素，从而构成万物，所以数在物之先。自然界的一切现象和规律都是由数决定的，都必须服从数的和谐，即服从数的关系。毕达哥拉斯还从球形是最完美几何体的观点出发，认为大地是球形的，提出了太阳、月亮和行星做均匀圆运动的思想。

培根

培根出生于官宦世家，父亲是伊丽莎白女王的掌玺大臣，母亲是一位颇有名气的才女。12岁时，培根被送入剑桥大学三一学院深造。在校学习期间，他对传统的观念和信仰产生了怀疑，开始思考社会和人生的真谛。

1579年，培根的父亲病逝，培根的生活开始陷入困窘。此后的十几年，培根郁郁不得志，但他在思想上更为成熟了。他决心要把脱离实际、脱离自然的一切知识加以改革，把经验、观察、事实依据实践效果引入认识论。这一伟大抱负是他的科学的"伟大复兴"的主要目标，是他为之奋斗一生的志向。

1602年，伊丽莎白去世，詹姆斯一世继位。培根很受詹姆斯一世赏识，因此平步青云，扶摇直上。但培根的才能和志趣不在国务活动上，而在对科学真理的探求上。这一时期，他在学术研究上取得了巨大的成果，出版了多部著作。

1621年，培根被国会指控，逐出宫廷，从此不理政事，开始专心从事理论著述。

不幸的是，1626年培根支气管炎复发，于1626年4月9日清晨病逝。

培根对世界思想史和科学史作出了卓越贡献，也因此赢得了不朽的荣誉。马克思和恩格斯称培根是"英国唯物主义的第一个创始人"，是"整个实验科学的真正始祖"，这是对培根哲学贡献的科学概括。

而黑格尔则这样评价培根："培根真正关心的是现实，而不是理论。在这一点上，培根可以说是他的民族的典范。"

卢梭

卢梭生于瑞士日内瓦，父亲是个钟表匠，母亲在他出生后不久就去世了，他是由姑母抚养长大的。卢梭从小聪明机灵，特别爱读书，经常和父亲一起朗读，沉醉在书的世界里。这不仅使卢梭养成了读书的习惯，也滋养了卢梭年幼的心灵。长大后的卢梭生活在社会的最底层，漂泊不定，饱尝了人间的冷暖与辛酸，这使得他对社会的不平等有很深的体会。

1756年，44岁的卢梭接受朋友的馈赠——一座周围环境优美的乡村小房子，开始了隐居生活。

卢梭有许多著作，有政治学名著《社会契约论》（又译《民约论》），这是世界政治学史上著名的经典著作之一。他的政治观点，对后来的法国革命产生了很大影响。教育学论著《爱弥儿》简述了他那独特而自由的教育思想，这是一部儿童教育的经典著作。虽然卢梭在世时曾因此书遭受攻击，但其独到的教育思想，对后来的教育学说产生了深远的影响，而且其民主自由的思想也成为法国大革命的动力。

卢梭毕生都在追求真理，留下了众多思想巨著。他生前被法国精英斥为疯子，饱受诽谤与迫害，死后却得到极大的荣耀，被誉为18世纪法国大革命的思想先驱、启蒙运动代表人物等。

康德

康德，德国哲学家、天文学家、星云说的创立者之一，德国古典哲学的创始人。

1740年，康德进了柯尼斯堡大学。1755年，康德以"自然通史和天体论"获得硕士学位，三个月后开始教授哲学。在任助教期间，康德开始发表著作。他的论题包罗万象，从自然科学、美学到神学应有尽有，但贯穿其中的问题只有一个，那就是哲学研究应该如何进行：是从理性的观点出发，从普遍真理中推导出有关事物的真理，还是从经验出发，通过观察得出普遍的结论。

康德思想的发展，以1770年他提出教授就职论文为界，分为前批判时期和批判时期。

在前批判时期，他埋头于自然科学研究，提出了"关于潮汐延缓地球自转的假说"和"关于天体起源的星云假说"。这两大假说从物质自身的运动和发展来解释自然现象，摒弃了神学创世说和自然界永恒不变的观点。

在批判时期，康德发表了《纯粹理性批判》这部哲学巨著。恰如康德枯燥乏味的生活一样，这本洋洋数十万字的大作非常晦涩难懂。但是艰涩的语句掩不住思想的光辉，康德哲学真的像他自己所说的那样成了哲学领域内"哥白尼式革命"。

此后他又陆续发表了《实践理性批判》和《判断力批判》这两部著作。三部著作的相继问世，成为康德批判哲学体系诞生的真正标志。

伏尔泰

伏尔泰，法国启蒙思想家、文学家、哲学家，18世纪法国资产阶级启蒙运动的泰斗，被誉为法兰西思想之王、法兰西最优秀的诗人、欧洲的良心。

伏尔泰才思敏捷，多才多艺。他的作品以尖刻的语言和讽刺的笔调而闻名。他曾因辛辣地讽刺封建专制主义而两度被投入巴士底狱。伏尔泰非凡的才智、锐利的思想以及他对黑暗的封建专制主义的揭露，使他在民间享有崇高的声誉。

伏尔泰信奉自然权利说，认为"人们本质上是平等的"，要求人人享有自然权利。他主张在法律面前人人平等，但又认为财产权利的不平等是不可避免的。他把英国的君主立宪制理想化了，认为最理想的是由开明的君主按哲学家的意见来治理国家。伏尔泰在启蒙运动的思想家中，反映了上层资产阶级的利益，主张开明君主制。

在哲学上，他承认物质世界的客观存在，肯定认识来源于感觉经验，但他又认为神是宇宙的第一推动者。但他对劳动人民是十分鄙视的，认为他们只能干粗活，不能思考，说"当庶民都思考时，那一切都完了"。

笛卡尔

笛卡尔，17世纪法国著名的哲学家、思想家、数学家、物理学家。西方现代哲学思想的奠基人之一，欧陆"理性主义"哲学开拓者，被黑格尔誉为现代哲学之父。

出身法国普通贵族家庭的笛卡尔，在他不到2岁他母亲就因病去世了，8岁进入欧洲最著名的贵族学校——皇家大亨利学院学习，接受了良好的传统文化教育，并对哲学产生了浓厚的兴趣。大学毕业后，笛卡尔四处游历，开始研究数学和物理学等。1628年起定居荷兰，直到1650年因病而逝，终生未娶。这期间，他致力于哲学、数学、天文学、物理学、气象学、化学和生理学等领域的研究，发表和出版了大量的论文和著作。主要作品有《哲学原理》《指导哲理之原则》《形而上学沉思》《几何学》等。

笛卡尔的成就和贡献是多方面的。在哲学方面，他是一个二元论及理性主义者，是近代唯物论的开拓人，第一个创立了完整的哲学体系。他反对经院哲学和神学，提出了怀疑一切的"系统怀疑的方法"，提出了著名的哲学命题——"我思故我在"。其哲学思想对后世欧洲也产生了深远的影响，并为欧洲"理性主义"哲学奠定了基础。在数学方面，他发明了现代数学的基础工具之一——坐标系，创立了解析几何学，被公认为解析几何之父。在物理学方面,他完整地阐述了关于光的本性的概念,发展了伽利略运动相对性的理论,第一次比较完整地表述了惯性定律,第一次明确地提出了动量守恒定律。在天文学方面,他发展了宇宙演化论、漩涡说等理论。在心理学方面,他是近代二元论和唯心主义理论的著名代表,发现了反射和反射弧,并对本能理论作出了贡献。

笛卡尔堪称 17 世纪及其之后的欧洲哲学界和科学界最有影响的巨匠之一,因此被誉为近代科学的始祖。

亚当·斯密

亚当·斯密从小就聪明好学,14 岁进入格拉斯哥大学,主修拉丁语、希腊语、数学以及道德哲学。其间,著名哲学教授哈奇森的自由主义精神给予他很大启发。大学毕业后亚当·斯密开始在爱丁堡大学担任讲师,后来回到母校格拉斯哥大学任教授,主讲逻辑学和道德哲学。1759 年,亚当·斯密的第一部著作《道德情操论》出版,这部著作为他赢得了声誉。后来,亚当·斯密为了完成自己的研究工作,回到故乡柯卡尔迪,开始潜心撰写经济学著作。1776 年,经济学巨著《国富论》终于完成。它的发表,标志着古典自由主义经济学的正式诞生。但不幸的是,在写作《国富论》的过程中,亚当·斯密积劳成疾,1790 年 7 月,这位终身未娶的伟大学者与世长辞。

亚当·斯密是一位著名的经济学家和哲学家，他的哲学思想对现代经济学、社会改革、哲学思考等领域产生了深远的影响。

亚当·斯密的哲学思想强调道德和价值观的重要性。他认为，社会的进步不仅要追求经济的发展，也要关注人类的内心世界，重视道德和人文精神的培育。这一理念不仅深刻影响了现代社会的道德观念和价值观念，也对社会改革和文明进步具有重要的推动作用。

亚当·斯密的哲学思想还强调理性思考和观察现实。他认为，哲学思维应该具有实践性和现实性，需要关注现实世界和人类行动，这一思想对于现代哲学思考方法的发展产生了深远影响，推动了哲学思考方法的发展和改进。

斯宾诺莎

斯宾诺莎，荷兰哲学家、数学家和神学家，近代西方哲学三大理性主义者之一。他的主要思想观点包括：唯物主义、伦理学、政治哲学和宗教哲学。

斯宾诺莎的父亲是一位商人，父亲在他很小的时候就去世了，他是由母亲和姐姐抚养长大的。他在学校接受传统的犹太教教育，但因思想观点与当时的教义相悖，被开除了学籍，从此他开始研究拉丁文和荷兰文学，对自然科学和哲学也产生了浓厚的兴趣。斯宾诺莎此后一直过着隐居的生活，直至1677年去世。

斯宾诺莎的主要作品是《伦理学》，这是一部关于伦理学和形而上学的著作。在这部著作中，他提出了一种基于自然主义和理性主义的伦理学，认为人类的行为应该基于理性和自然法则，而不是基于宗教信仰或传统习俗。他还提出了一种单一的"无限神"，认为自然界是由这个神所创造的，并且这个神是不可分割的、无限的和永恒的。

斯宾诺莎的哲学思想在当时引起很大争议，被认为是异端邪说，被各种教会驱逐，但他的著作在他去世后得到广泛认可，他被认为是西方哲学史上重要的哲学家之一，他的观点以其深刻的洞察力和系统性对后来的哲学思想产生了深远影响。

蒙田

生活在16世纪法国的蒙田出生于1533年，母亲是西班牙人后裔，父亲是一个小贵族。父亲一心想把蒙田培养成贵族，逼他学习拉丁文和古罗马历史，但他深信自己永远不可能融入上流社会。蒙田在37岁那年继承了父亲在乡下的领地，过起隐居生活。蒙田自己说，他希望投入智慧女神的怀抱，在平安宁静中度过有生之年。

蒙田说，"我宁愿以一种朴实、自然和平平常常的姿态出现在读者面前……"。正是以这种娓娓而谈的随笔方式，蒙田论及教育、死亡、真理、友谊、爱情等人生主题，其思想之深邃、论述之精辟，使他的作品享誉世界。从这个意义上说，蒙田的作品对整个人类的思考方式和情感都产生了巨大而深刻的影响。

蒙田哲学的核心是告诉人们要追求人生的幸福和快乐，人应该成为创造自己生活的主人。他说，"人生最难学懂学透的学问就是如何享受此生，在我们所有缺点中最严重的就是轻视生命"。蒙田将生命的快乐上升到哲学的高度。法国思想家孟德斯鸠评价说："在大多数作品中，我看到了写书的人；而在这一本书（《蒙田随笔》）中，我却看到了一个思想者。"

孟德斯鸠

1689年，孟德斯鸠出生在法国波尔多附近的拉布雷德庄园。孟德斯鸠自幼受过良好教育，1714年开始担任波尔多高等法院顾问，1716年继承了波尔多高等法院院长职务，并获得男爵封号。

1726年，他出售了世袭的波尔多高等法院院长职务，迁居巴黎，专心于写作和研究。他漫游了欧洲许多国家，特别是在英国居住了两年多，考察了英国的政治制度，认真学习了早期启蒙思想家的著作，还当选为英国皇家学会会员。1731年回到法国后，他潜心著书。1734年发表《罗马盛衰原因论》，利用古罗马的历史资料来阐明自己的政治主张。1748年，他生平最重要的也是影响力最大的著作《论法的精神》发表。这是一部综合性的政治学著作，影响巨大而深远。

孟德斯鸠反对神学，提倡科学，但又不是一个无神论者和唯物主义者，他是一名自然神论者。他最重要的贡献是对资产阶级的国家和法的学说作出了深刻阐述。他特别强调法的功能，他认为法律是理性的体现，法又分为自然法和人为法两类，自然法是人类社会建立以前就存在的规律，那时候人类处于平等状态；人为法包括政治法和民法等。孟德斯鸠提倡资产阶级的自由和平等，但同时又强调自由的实现要受法律的制约，政治自由并不是愿意做什么就做什么。他认为"自由是做法律所许可的一切事情的权利；如果一个公民能够做法律所禁止的事情，他就不再有自由了。因为其他人也同样会有这个权利"。

1755年1月，孟德斯鸠在旅途中感染热病，同年2月逝世。孟德斯鸠宣传了启蒙思想，为激发法国大革命作出了重要贡献。

黑格尔

黑格尔，德国古典哲学大师，是西方法哲学的主要代表之一，出生于德国西南部斯图加特城的一个官僚家庭。黑格尔从小聪明好学，成绩优秀，在图宾根大学神学院学习，头两年学神学，后三年攻哲学，于1793年毕业。之后，黑格尔先后在瑞士和德国任家庭教师，其间，他系统研究了费尔特的著作。1801年，黑格尔取得了耶拿大学编外讲师资格，后来在歌德的帮助下升为副教授。之后，他开始撰写《精神现象学》，于1806年在普法耶拿大战前夕匆匆完稿，并携稿外出逃避战祸。由于战争，大学停课，他便去做了一段时间的报纸编辑。

1806—1816年，黑格尔任纽伦堡一所文科中学的校长，这期间，他写成了《逻辑学》这一主要著作。随后在海德堡大学任哲学教授，在那里出版了著名的《哲学全书》。这部书使他名声大振，并因此应普鲁士政府的邀请，担任柏林大学教授。在柏林大学期间，他的研究进一步从宗教哲学、伦理学拓展到历史哲学、美学、法学等领域，并于1821年出版了在西方法律思想史上占有重要地位的《法哲学原理》，这也是他法律思想的代表作。

1829年，黑格尔被选为柏林大学校长。1831年11月14日，黑格尔因患霍乱在柏林去世。

黑格尔哲学一方面把康德开创的德国古典唯心主义哲学推向顶峰，创立了庞大的客观唯心主义体系；另一方面也系统地发挥了他们哲学中的辩证法思想，创立了观念的辩证法。黑格尔哲学思想对后来的哲学发展有很大影响。

叔本华

叔本华，德国哲学家，唯意志论的创始人和主要代表之一。代表作品有《作为意志和表象的世界》《附录与补遗》。

1788年2月22日，叔本华出生于德国但泽（今属波兰，已更名为格但斯克）的一个商人家庭。1809年进入哥廷根大学学医，后改学哲学。1814年获哲学博士学位。1819年，他发表重要著作《作为意志和表象的世界》，标志着他的思想发展到顶点。1822年他被聘为柏林大学哲学副教授，后因与黑格尔争夺听众败北而辞职。尽管他的哲学受到同代人的冷落，但他坚信真理最终将获胜。直到1853年他的哲学体系才被后人重视。

叔本华，被称为"悲观主义哲学家"。他是黑格尔绝对唯心主义的反对者、新的"生命"哲学的先驱者。他对人间的苦难甚为敏感，因而他的人生观带有强烈的悲观主义倾向。他将对人生痛苦的拯救寄托于对美的沉思，对人的同情，对欲望的控制。他致力于对哲学家柏拉图和康德著作的研究、蔑视费希特、谢林和黑格尔。他的一生并不得志，一直过着隐居生活，于1860年9月21日病逝，在去世前几年才享有声誉。

叔本华从小就带点神经质，孤僻、傲慢、喜怒无常。早年在英国和法国接受教育，能够流利使用英语、意大利语、西班牙语及拉丁语等语言。他最初被迫选择经商以继承父业，在父亲死后才得以进入大学。刚开始他在哥廷根大学攻读医学，但不久就改学哲学，并以《论充足理由律的四重根》获得了博士学位。歌德对此非常赞赏，但也发现了叔本华的悲观主义倾向，告诫他："如果你爱自己的价值，那就给世界更多的价值吧。"叔本华称柏拉图为"神明般的"，康德为"奇迹般的"，对这两人的思想相当崇敬。

叔本华对自己的哲学思想极为自负，声称是一种全新的哲学方法，会震撼整个欧洲思想界，但他的著作却常常受人冷落。在柏林大学任教时，他试图和黑格尔在讲台上一决高低，结果黑格尔的课堂座无虚席，而听他讲课的学生却寥寥无几。愤懑之下，叔本华沮丧地离开了大学的讲坛。叔本华在与黑格尔的对抗中失败了，但他认为自己不属于那个时代，用他自己的话说，他的书是为后人写的。事实也是如此，到了晚年，他终于享有了期待一生的荣誉。

尼采

尼采出生在德国的一个牧师家庭，从小受到传统的宗教教育。他自幼体弱多病，性情孤僻，但聪颖过人。不幸的是，在尼采5岁时他父亲就去世了，母亲将他和妹妹抚养长大。1864年，尼采进入波恩大学学习神学和古典语言学，一年后转入莱比锡大学，主攻语言学，同时对文艺和哲学充满兴趣。在那里，他接触到了叔本华的《作为意志和表象的世界》并深受感动，他认为在他这个时代深感痛苦的人，一定要懂得叔本华。从此他接受了叔本华的意志主义哲学。

1869年，尼采25岁，因学业优良被聘为瑞士巴塞尔大学的古典语文学教授。但尼采并未在语言学道路上走很远就转向了哲学专业。1879年，他因病无法教学而辞职。之后，他辗转意大利、法国、瑞士各国，求医治病，直至1900年逝世。

尼采的哲学思想具有极强的个性化和反传统性的特点，主要包括三个方面。

一是"上帝已死"。尼采认为，人类已经摆脱了宗教和神学的束缚，上帝已经死去，人类必须面对自己的存在和生命。因此，尼采提出了"超人"概念，认为超人是一种自由、创造和独立的存在，能够超越传统的道德和价值观念，创造出全新的生命形式。

二是"意志到权力"。尼采认为，人类的意志是一种强大的力量，它是创造力和创新力的源泉，是人类超越自身的关键。他认为，只有通过意志的力量，人类才能真正地掌握自己的命运，创造出更加美好的未来。

三是"道德的否定"。尼采认为，传统的道德和价值观念是一种限制人类意志和创造力的力量，只有通过对传统道德和价值观念的否定，人类才能真正地解放自己的意志和创造力。

尼采作为19世纪德国著名的哲学家、语言学家、文学评论家、诗人、作曲家和思想家，他的哲学思想对后世哲学、文学和文化产生了深远影响。

海德格尔

1889年海德格尔出生于德国弗莱堡一个天主教家庭，父亲是教堂司事，在家庭的影响下，海德格尔对神学产生了浓厚的兴趣。他进入弗莱堡大学后，前两年主攻神学、辅以哲学，后来他改变目标，全身心投入哲学的研究。直至1922年，在胡塞尔的帮助下，海德格尔受聘于马尔堡大学任哲学教授，由此创立了自己的哲学——存在主义。1976 年 5 月，海德格尔逝于德国梅斯基尔希。

海德格尔是现代西方哲学中最具影响力的思想家之一，他以"西方存在主义的先驱"闻名于世。

海德格尔的哲学思想极为独特，他关注的核心问题是人类存在的本质及其在世界中的意义和价值，认为存在与时间密不可分，人类的存在是通过时间来实现的。同时，他强调了语言和符号在人们理解和解释世界时的重要性，认为真理和意义是基于人对世界的理解和解释而产生的。

海德格尔的思想对许多领域产生了深远的影响，包括哲学、文化、政治和艺术等领域。

罗素

罗素，20 世纪英国著名哲学家、数学家、文学家、逻辑学家、历史学家，分析哲学的主要创始人，诺贝尔文学奖获得者。

罗素幼年便丧父丧母，随祖母长大，但从小就接受了良好的家庭教育。罗素 18 岁考入剑桥大学，36 岁成为英国皇家学会会员，38 岁担任剑桥大学讲师，42 岁担任剑桥三一学院研究员，并积极参与反对第一次世界大战的各项活动。1920 年，48

岁的罗素访问中国并在北京讲学一年。

1931年后，罗素以创作出版和四处讲学为生。1944年，72岁的罗素返回英国，在剑桥大学三一学院任教。78岁时获得诺贝尔文学奖。1970年2月，98岁的罗素在英国威尔士家中逝世。

罗素一生勤学不倦，著书不断，不仅在哲学、逻辑、数学、文学上成就显著，而且在教育学、历史学、社会学和政治学等领域颇有建树。他建立了逻辑原子论和新实在论，成为现代分析哲学的主要创始人和奠基者。

维特根斯坦

维特根斯坦出生于奥地利的一个犹太家庭，父亲为了把他培养成工程师，让他去英国学习航空工程。在学习数学的过程中，他读了罗素与怀特海合写的《数学原理》一书，产生了学习逻辑和哲学的兴趣。于是，他前往剑桥拜罗素为师，开始学习逻辑。罗素非常欣赏他的才能，把他视为最理想的接班人，预言哲学下一步的重大发展将由维特根斯坦完成。

第一次世界大战爆发后，维特根斯坦自愿作为志愿军积极入伍，但战争后期被俘。在战俘营里，他总结长期酝酿的思想，完成了《逻辑哲学论》。他把书稿寄给罗素，此时罗素因为反战被关在监狱中。

在罗素的推荐下,《逻辑哲学论》于1921年出版,立即在哲学界引起轰动。

维特根斯坦于1929年重返剑桥,并于1936年成为哲学教授。经过长期思考,他放弃了《逻辑哲学论》中以逻辑规则为意义标准的思想,转而采用以日常语义规则为意义的标准。他后期的主要著作为《哲学研究》,他在思考、写作过程中写了大量的笔记,被辑录在《哲学评论》《哲学语法》《蓝皮书》和《褐皮书》等书中。

维特根斯坦的哲学思想主要集中在他的两部著作《逻辑哲学论》和《哲学研究》中。在《逻辑哲学论》中,他提出了"语言游戏"的概念,认为语言游戏是语言的基本形式,所有的语言都是由语言游戏构成的。他认为语言游戏是一种社会活动,是人类思维和交流的基础。在《哲学研究》中,他进一步探讨了语言的本质和功能,他认为语言不仅是一种描述现实的工具,还是一种构建现实的工具。

维特根斯坦的哲学思想对于逻辑学、语言哲学、心灵哲学、数学哲学、伦理学等领域都产生了深远影响。

萨特

萨特出生于巴黎一个海军军官家庭，在他不到两岁时丧父，在外祖父家长大。中学毕业后，他进入著名的巴黎高等师范学校攻读哲学，以优异成绩毕业，后任公立中学教师多年，期间钻研哲学家海德格尔和胡塞尔的学说，为后来萨特存在主义哲学思想的形成打下了基础。

萨特的创作活动开始于第二次世界大战之前。《恶心》是表现他的存在主义观点的第一部作品，中篇小说集《墙》接触现实斗争题材，但表现的仍是存在主义的主题，如关于死的思考、自由选择等。

萨特的创作成就在20世纪40年代达到顶峰。剧本《苍蝇》表现人的社会责任感和敢于承担责任的自由选择思想；《间隔》揭露人与人之间相互倾轧的现实，宣扬"他人就是地狱"的存在主义个性观；《死无葬身之地》是萨特作品中思想性最高的一部，歌颂了抵抗战士宁死不屈的精神，仍深刻打着存在主义思想烙印；三部曲《自由之路》代表了萨特小说创作的最高成就。萨特晚年的创作则转向了批评方面的著述。1964年，萨特拒绝接受诺贝尔奖金，表示谢绝一切来自官方的荣誉。1980年4月，萨特因病逝世，享年75岁。

萨特的一生，是充满坎坷的一生，也是特立独行的一生。

他既在政治上实践了自己的哲学观点，又用文学介入了政治斗争。作为存在主义哲学的代表，萨特的哲学观点可以简单概括为："存在先于本质""自由选择""世界是荒谬的，人生是痛苦的"。

下篇

哲学的感悟

第一章

哲学这样看世界

万物诞生之源，亦是结束之因

在群星璀璨的思想家之列，阿那克西曼德堪称是相当大胆的一位。他以宏大的思想体系为依托，提出了早期希腊哲学最基本的问题——世界是如何产生的？不仅如此，他还就这个问题给出了颇具启发性的答案。

阿那克西曼德出生于米利都，是泰勒斯最忠诚的追随者，也是其门下最出色的学生。公元前546年，他在64岁的时候带领着一个使节团前往斯巴达，在那里向人们介绍了他的两项伟大发明——世界地图和日晷。

阿那克西曼德敏锐地察觉到，人类所认知的一切事物与性质终究都会改变并逝去，因此，他提出了一个大胆的假设，即"无限定"的存在。所谓"无限定"，指的是宇宙万物产生的一种物质性的本原。这种物质性的本原不存在固定的性质或形状，没有边际、永生不灭，故而被称为无限定。在无限的基础上，对立的性质被分离出来，即有冷就有热，有干就有湿。在对立物互相作用的基础上，天体与世间万物随之产生。

在阿那克西曼德的哲学体系中，无限物是一种实体，但是，无论是在时间里，还是在空间里，它都没有开始或结束，而是我们所见到的一切物体的来源与命运。就像他所说的："万物由它而产生，毁灭之后，又回归于它，这是万物的必然性；这是因为它们在时间的秩序中不正义，所以受到惩罚，并彼此相互补偿。"在那个遥远的时代，这个概念十分宏观，他必须要对人们关于地球的认知进行彻底的修正：地球乃至整个宇宙不仅大小有限，存在的时间也有限，而且只是无限个存在的世界中的一个。

在阿那克西曼德看来，地球自由自在地悬挂在空中，是一个浮动着的圆柱体，人类就处于这个圆柱体一端的表面上，而我们所处的世界只是无数个世界中的一个。万事万物都遵循着一种自然规律运行着，元素之间也保持着稳定的平衡。同时，他还创造了一个世界自然系统：世界上存在的水、火、土都有一定的比例，各种元素都试图扩大自身的领土。然而，一种必然性或自然性的规律永远在校正着各元素间的平衡。比如，随着火出现的是灰烬，灰烬又变成土，正是基于这种正义的观念，各种元素永远不能逾越永恒而固定的界限。

比达尔文早23个世纪，阿那克西曼德其实就已经提出了一种演化论，这也是他最杰出的成就。在他看来，原始的潮湿与温暖不断互动，从而自发地产生了最早的生命形态，一种像树皮一样的外壳包裹着第一批生物,它们安静地栖息于海底。当太阳将湿元素蒸发掉时,活的生物应运而生。因此,万事万物并非如犹太教或基督教所倡导的神学里说的那样,是被诸神创造出来的,而是经过各种元素的演化得来的,一切生物都诞生于水中。

动物界的演化同样也适用于人,人也是从另一种生物演化而来的。阿那克西曼德认为,包括人在内的所有陆地动物都是从一种类似鱼的祖先逐渐演化而来的。唯一的区别在于婴儿很脆弱,他也由此推测,人类在获得陆地生存的能力之前,应该也和其他生物一样为海洋所养育。

阿那克西曼德的伟大之处在于,他能跳脱出以人类为中心的思维框架,进行自由地思考。诚然,无论他如何努力,都难以超越他所处的时代。但正因为有了他勇敢的探索,后继者才有了前进路上追随的足迹。因此,我们固然可以觉得这个命题在如今看来有些幼稚可笑,然而,提出这个命题的勇气与创新精神却是跨越时代的。

一切皆流,无物常住

"人不可能两次踏入同一条河流",因为河水经久不息地流淌着,再次踏入的河流之中,已经不再是前一次的水流。正如爱菲斯学派哲学思想的核心观点,"一切皆流,无物常住",万事万物都处于不断的运动与变化中，生生灭灭。

古希腊时期，哲学家赫拉克利特创立了爱菲斯学派。因为赫拉克利特在伊奥尼亚的希腊殖民城邦爱菲斯出生，该学派由此得名。据说，爱菲斯城邦的祭司代代世袭，而赫拉克利特原本是祭司的后裔，但是，他把继承权拱手让给了他的兄长，随后在阿尔忒弥斯神庙隐居，日日与孩童一起玩耍。其他人围观他、嘲笑他，他嗤之以鼻："这有什么稀奇的？我的生活难道不能比参与你们所谓的公民生活更美好吗？"

正因为如此，赫拉克利特对他的同胞心怀厌恶，从而醉心于山水之间，靠挖草根、啃树皮度日，这种生活一直持续到他60岁那年。在他60岁时，他患上了严重的水肿病，不得不离开人迹罕至的山水，返回城邦求医。他被世人称为晦涩哲人，直到临死之前，他还不忘与医生打哑谜，问医生下过一场大雨后，有何办法让大地变干，医生没有明白他的意思。于是，他自己跑去晒太阳，在太阳底下暴晒，但这对他的病情并没有帮助。他又跑进了一顶牛棚，钻入了地上的牛粪堆里，希望借助温暖的牛粪将体内的毒气和湿气都排出去。但是，第二天他就死在牛棚里了。

赫拉克利特出身贵族，自恃清高，在他看来，"一个最优秀的人抵得上一万人"。因此，他敢于迎战任何传统权威。荷马是当时鼎鼎有名的诗人，但他也丝毫不放在眼里，甚至放言，"应该从赛场上把荷马驱逐出去，再用鞭子抽他一顿"。

他最知名的一部著作是《论自然》，主要内容分为三个部分，即论万物、论政治、论神灵。隐居的那段日子，他把这本书藏在了阿尔忒弥斯神庙里，而且有意把整本书写得晦涩难懂，其实是希望只有志同道合的人才能读懂自己的作品。然而，他却因为这部晦涩的书而声名远扬。令人遗憾的是，这本书早就失传了，如今也只有130多个残篇被保留了下来。

泰勒斯认为水是世界的本原，赫拉克利特则持相反的意见，认为世界的本原应该是火。他认为，世界是一团永恒的活火，它在一定分寸上熄灭，又在一定分寸上重新燃烧了。万事万物都源自火，最终又回归到火的状态。遵循着一种被赫拉克利特称之为"对立的斗争与报复"的原则，这种诞生与回归反反复复、无穷无尽。在他看来。"万物都变成了火，火又变成了万物，正如货物变成了黄金，而黄金又变成了货物。"这是一个永不停歇的变化过程，或通过收缩成为了湿气，接着，再次浓缩，成为了水，水最终凝结，成为了土。他把这个过程称为下行之路。这个过程有一个对应的反向过程，土通过液化，变成了水，水经过稀薄化变成了火，他把这个过程称为对应的上行之路。这两种过程是矛盾的，也是对立统一的，遵循着这种规律，整个世界处于永不停歇的运动之中。

他的著名观点"一切皆流，无物常住"就是基于以上思考得出的，他认为"每一天的太阳都是新的"，"我们存在着，而又并不存在"。赫拉克利特的哲学思想是一种典型的辩证法思想。他创立了爱菲斯学派，也被后人视为古希腊辩证法的创立者。他所倡导的辩证法是自发而朴素的，带着浓厚的循环论色彩，然而，在遥远的古希腊时期，这种质朴的辩证法观点已属难能可贵。

时间、空间与运动

时间与空间存在于我们的生活之中，看似是再简单不过的现象。但是，倘若要问时间与空间究竟为何物，恐怕很少有人能答上来。而亚里士多德则是历史上第一个给出答案的人。

亚里士多德所著的《物理学》是历史上第一本物理学著作，而他本人也是物理学的创始人。虽然《物理学》所涉及的内容与现今的物理学有很大区别，但是就其基本内容而言，依然有着千丝万缕的联系，时间、空间与运动仍然是现代物理学的重要研究对象。《物理学》可以说奠定了物理这门学科最基本的框架，在当时具有划时代的科学意义。当然，如若将其放在如今的视角来考量，它更多的是从哲学的角度来探讨一些关于时间、空间与运动的问题。

在亚里士多德看来，时间、空间与运动是相互关联的，就某种程度而言，甚至可以说它们就是同一事物不同的表现形式，运动是事物在空间中的位置移动与性质上的变化，而时间则是运动的数目。

亚里士多德认为有四个原因导致了运动的产生，它们分别是动力，即促使事物运动的原因和力量；形式，即事物存在的方式；质料，即构成事物的材料；目的，即事物运动的最终目的。在一切事物的运动过程中，这四个原因都是不可缺少的重要条件。如果没有质料，形式也就没有依托；如果没有形式，质料就会混乱不堪；如果没有动力，事物就是静止的，就不可能运动起来；如果没有目的，事物也就失去了运动的方向。

归根结底，运动就是一个将潜能实现的过程。事物与其形式并非是瞬间展现出来的，它们最初以质料为载体，并具备实现自身的潜能。而运动就是事物实现自身的一个过程。

在亚里士多德看来，空间的存在方式有两种：一是共有空间，所有的事物都存在于这个空间中；二是事物自身所占据的空间。前者有一定的独立性，存在于其中的事物可能会灭亡，但事物所存在的空间却是永恒的。后者则与事物是同一的，也就是说，事物与其自身的空间是一同长大的，也是一同灭亡的。

接着，他又指出时间与运动息息相关，但它并不是运动，却可以为运动计数。"现在"就是时间最根本的存在方式，以"现在"为结点，时间有了"前"与"后"的区别，"前"就是已经逝去的现在，而"后"就是尚未到来的现在。以时间来计算运动的数目，因为运动具有连续性，时间也必须具有连续性。

与此同时，时间又是一种静止的尺度，而静止也就意味着运动的中断。

在物理学史的范畴内，亚里士多德堪称是古希腊甚至全人类历史上第一个对时间、空间、运动及其本质属性进行较为全面且深入探讨的人。他就时间与空间所进行的阐述，为他之后对物体运动进行更深入的描述提供了一个基本的时空概念，经典力学的基础理论也由此得以奠定。

宇宙是统一的整体

奥勒留在《沉思录》里探讨的一个重要主题就是宇宙。在他看来，人类是宇宙的一部分，因此，要先考察宇宙，才能考察人。那么，宇宙究竟是什么？

奥勒留在《沉思录》里指出，宇宙之中的万事万物都处于不断的运动与变化之中，与此同时，这种运动与变化也推动着世界的更新。倘若没有运动与变化，一切都不会发生。在宇宙的巨大旋涡里，包括人在内的万事万物最终都会走向灭亡，只是早晚的问题。变化符合宇宙的本性，也符合自然规律。但是，宇宙的变化不是随机或任意的，而是遵循着一定的秩序和规律。这种变化并没有触及宇宙的本性，而宇宙的本性也是永恒不变的。

接着，他又谈到宇宙的统一性，处于宇宙中的万事万物都彼此联系着，彼此规定着。因此，宇宙是一个浑然天成的系统，里面的事物按照一种必然的规律和秩序结合在一起。就如窥豹一斑，从宇宙的"一"就可以洞悉宇宙的一切，因为任何事物都有着相似甚至同一的形式，并以宇宙整体作为最终归宿。我们看见了当下的事物，也就意味着看见了一切，这一切是横跨时间和空间的，是过去、现在和未来的万事万物。那么，究竟是谁决定了这种必然的秩序呢？奥勒留认为，是宇宙的本性，也就是上帝或天命主宰着一切，而人的理性也正是来源于宇宙的理性。宇宙的一切都井然有序，而人的内在秩序又可以反过来佐证这种秩序，人要生存下去，就要竭力维持内在与外在秩序的一致性。

作为宇宙的组成部分之一，人自然也受到宇宙整体及其中一切事物的规定与制约。因此，人类与宇宙整体及整体中的各个部分都联系在一起。作为整体的一部分，人类应当将整体利益视为最高利益，服从于这个整体。正如对蜂群有害的东西，对任何一只蜜蜂也是有害的。一旦链条上的任何一个环节被破坏了，整体的完整性也随之被破坏。因此，奥勒留告诫人们：请记住自己是整体的一部分，应服从于整体的安排，并满足自我的命运。

可见，奥勒留是从生成的层面来考虑这个问题。他认为，人是宇宙整体的一部分，诞生于宇宙，最终也会消亡于宇宙。在宇宙本性的指引下，万事万物都在宇宙整体中诞生、灭亡，再诞生、再灭亡，如此循环往复。形式和质料组成了包括人在内的一切事物，事物会灭亡，但形式和质料不会，它们只是进入下一个循环，去构成其他事物。奥勒留关于形式和质料的说法其实是延续了亚里士多德提出的形式因、动力因、质料因、目的因这四种促使事物存在的原因。塞涅卡就曾用生动的语言描述说："就好比要创造一座雕像，青铜是质料因，雕塑家是动力因，这座雕像的外貌是形式因，雕塑家预期中的目标是目的因，而雕塑本身则是在这四种因的驱动下的最终结果。"宇宙就像是塞涅卡描述中那个独具匠心的雕塑家，它用合适的质料塑造了一棵树，又塑造了一条河，接着塑造一个人，还有许许多多其他的东西，然而，每个事物都只能短暂地存在于这个世界上。于是，万事万物就这样在宇宙的浩瀚天地里推陈出新，更迭不断。

奥勒留还指出，宇宙是统一的，也是美的。在他看来，任何事物孤立地看都不美，但如果以整体的眼光来看，并将其视为整体的一部分，那么，它就是顺应自然而诞生于世的事物，这时它就是尽善尽美的。一切事物处于相互联系和相互合作之中。奥勒留在此基础上继续深入，探讨了美学上一个很重要的问题，那就是"美是主观的，还是客观的；是人们自己的看法，还是事物自身的属性"。在他看来，美是客观存在的，倘若一件事物的方方面面都是美的，那么它本身就是尽善尽美的。美并不是源于称赞，而是源于自身。

宇宙整体是尽善尽美的，原因在于浩瀚宇宙中的万物都有其自身的价值。冥冥之中的这种安排遵循着合乎自然的道理，人无法决定任何事物有无价值或价值的大小。正如奥勒留所说的："无意义的展览、舞台上的表演……这所有的一切都是有价值的。人也好，人为之忙碌的事情也好，也是有价值的。"

　　把宇宙作为一个统一的整体看待，这需要人类站在更高的高度来观察一切事物，包括人类自己。无论是自下而上的仰视，还是自上而下的俯视，都是源自人类心灵的需要。唯有如此，我们才能以一种整体的格局看待宇宙、理解人生。在掌握了宇宙的全貌后，我们才能准确地了解人类所处的位置，才能探索宇宙与人生的关系。

早已预定的和谐

　　莱布尼茨生于1646年。从严格意义上来说，他是德国第一位具有世界级影响力的哲学家，从他之后，经过康德，德国哲学界的各色人才呈井喷式增长，德国哲学也成为世界哲学浓墨重彩的一笔。

　　单子论是莱布尼茨哲学体系中最重要的理论，这是一种有机论哲学，在当时的西方哲学里是很罕见的。机械论的世界观在近代西方哲学占据着主导地位，法国著名哲学家梅特里的著名命题"人是机器"就是这种世界观最典型的代表。原子论是机械世界观最根本的依据，而莱布尼茨的单子论则与之针锋相对。

那么，单子究竟是什么呢？莱布尼茨认为，单子是构成世界的最基本单位，它们是最小的单位，已经不能再进一步分割了。为何不可分割呢？原因是它们并不占据空间。这些单子一同构成了世间的万事万物，在这一点上，单子与原子具有相似性。二者的区别在于，单子并不是纯粹的物质，每个单子都有灵魂、有感觉。单子的等级各有不同，处于最低级的单子的知觉很模糊，而处于最高级的单子却拥有灵魂。不同等级的单子构成了整个宇宙，成就了一个完整的体系。

如此看来，宇宙中的一切事物都是有生命的，生机与活力遍布宇宙的每个角落。在宇宙中找不到任何荒芜之处，所谓的荒芜也只是表象罢了。比如说，我们从远处看一口池塘，几乎看不到里面有任何生命的迹象，然而，如果我们走上前去，来到池塘边，就会发现里面有各种各样的生命。池塘里，这条鱼与那条鱼之间波光粼粼的水中，树枝上，这枚果实与那枚果实之间的缝隙，看上去没有任何生命，但其实生命就存在于这些空间里，只是这些生命很微小，以至于肉眼看不见。如果我们能深入旖旎的水纹里或是微风中摇曳的树枝间，那也许我们会在那里发现一口满是鱼儿的池塘，一座植物葳蕤的小花园，而这口小池塘里还有更小的池塘，这座小花园里也有更小的花园……如此反复，以至无穷。

那么，整个宇宙就是偌大的洪荒，万事万物都孕育于这洪荒之中，又消逝于这洪荒之中。因此，从宇宙的维度而言，在那里既没有真正的诞生，也没有真正的逝去。也就是说，新事物的诞生只是某个事物增大了，也就是某个微小的灵魂获得了一个现实的实体，形体由小变大，并逐渐从洪荒的底层上升，来到了表层；旧事物的消逝则恰恰与诞生的过程相反，事物由大变小，重新卷入洪荒的底层，返回最初的微观世界里。

　　以上就是莱布尼茨单子论的基本观点，有针对性地回答了两个问题：万事万物从何方而来？又往何方而终？而他的基本观点是，万事万物皆不可来自无，也不能回归于无；有不能产生于无，有只能产生于有。万事万物都来自微观世界里看不见的单子，它们在世界上呈现出来的过程其实就是由小变大的过程；而万事万物最终从世界上消失则是由大变小的过程，最终又回归到单子的状态。

　　与此同时，任何单子都不是孤立存在的，每个单子都与其他事物处于一种全方位的密切联系里。任何一个单子都有感觉或灵魂，在偌大的宇宙里，每个单子都如同一面镜子，在那里能反观整个宇宙。换言之，任何一个微小的单子里都包含着全宇宙，这里的全宇宙既是空间意义上的，又是时间意义上的，也就是说，在每个单子里能看到它自身的过去与未来，还能看到整个宇宙的过去和未来。

　　然而，单子同时又是不可分的，是彻底封闭的，任何来自外部的力量都无法作用于其内部。那么，为何宇宙会处于如此和谐与井然的秩序之中呢？单子又是怎样反映自身、万物和整个宇宙的呢？莱布尼茨认为，这一切其实都是上帝一早预定好的和谐。早在上帝创造每个单子的时候，他就早早地设定好了每个单子与万事万物间的联系，乃至它们完整的生命历程。因此，全宇宙展现在我们面前的秩序是如此的完美。同样，布莱尼茨也指出，这些单子是在上帝灵光一现之下创造出来的，是一次性的、一劳永逸的。莱布尼茨在这里也从神学的角度回应了机械论：如果世界以这种形式被创造和预定，那么，就不存在真正的发展，只是在世界被创造出来后的展现历程中才体现出有机性。

诚然，这个问题过于晦涩，也无怪乎莱布尼茨不能给出完美的答案。他所说的上帝的创造其实也可以理解成是无法回答的一种委婉说辞。正如莱布尼茨所描述的那样，宇宙中的万事万物互相联系、包含、映衬，早已预定的和谐就反映在这种井然的秩序之中。任何事物之所以能存在于世界上，说明它早就以另一种形式存在了，如若不然，它就不可能产生。试问，何物能诞生于一片虚无呢？从未存在过的事物要如何产生呢？

第二章

哲学这样看个体

认识你自己

作为古希腊时期最杰出的哲学家，苏格拉底提出的许多问题都发人深思，对后世产生了深远的影响。追随他的门徒众多，其中还有许多当时有名的思想家，比如柏拉图、色诺芬等。苏格拉底以"爱智者"自诩，他一生之中最关注的问题当属伦理学。他劝诫世人要"认识你自己"，简言之，就是让人们努力认识真正的"我"。苏格拉底哲学语境中的"我"，指的是心灵、灵魂，也就是理智。在他看来，每个人都应该关注自己的灵魂，因为人们唯有借助灵魂的理智才能明是非、辨曲直。一个人倘若将自己的灵魂或理智摆放在至高无上的位置，那么，他自然也能辨别何为善、何为恶，成为一个有道德的人。

最初，"认识你自己"是一句被铭刻在希腊德尔斐神庙门楣之上的句子，苏格拉底看到后，就将这句话视为自我哲学原则的宣言。

在苏格拉底看来，那些自然哲学家关于哲学对象、方法论等方面的看法都是错误的，他们的注意力都放在自然上面，而不愿去关心自身。这些自然哲学家在探讨宇宙之间万物之本源的时候，往往以感官作为依据，以自然之物作为原因，其结果往往是众说纷纭，让局外人无所适从。苏格拉底认为，物质性的本源并不是宇宙万物真正的主宰，若要追溯其根源，莫过于万事万物内在所蕴含的目的，也就是善。人类的潜质尚且不足以认识自然的本性，因而也认识不到哲学真正的对象并非自然，而是自我。可见，苏格拉底所提倡的"认识你自己"，也就是认识人自身的善。在他看来，所谓的善是一种神力，蕴含于万事万物之中。

苏格拉底门下有一个青年名叫尤苏戴莫斯，很骄傲自大。一天，苏格拉底为了教育他，与他展开了一场充满智慧的对话。当时，尤苏戴莫斯野心勃勃，想要参与城邦领袖的竞选。苏格拉底得知后，跟他说："一个希望成为领袖的人要具备一定的素养，他要懂得如何治国齐家。但是，一个非正义的人能够掌握这些本领吗？"

尤苏戴莫斯想都没想，回答道："当然不能。一个非正义的人甚至没有资格成为一个良好的公民。"

苏格拉底继续发问："你说说什么是正义的行为，什么是非正义的行为？"说着，他掏出一张羊皮纸，分别在羊皮纸的两侧写下正义和非正义两个词，让尤苏戴莫斯一一列举出来。

尤苏戴莫斯沉思片刻，把欺骗、懒惰、偷抢、奴役等行为都列到了非正义的那一侧。对此,苏格拉底用一些截然相反的事例一一反驳这些看似非正义的行为。

他接连发问:"两军交战,潜入敌方阵营,偷取其作战图,这是非正义的吗?兄弟亲朋深陷绝望的情绪里,把他藏在枕头下的刀悄悄拿走,这不应该吗?女儿生病了,母亲为骗她喝药,把药掺入饭中,很快,女儿康复了,这种行为又应该如何看待呢?"

一连串的问题让尤苏戴莫斯如坠云端,摸不着头脑,无从辩驳。

就这样,苏格拉底成功教育了尤苏戴莫斯,震慑了他的嚣张气焰。接着,他又从正面引导尤苏戴莫斯,循循善诱,让尤苏戴莫斯理解了认识自我、了解自我的观点。接着,他明确向尤苏戴莫斯指出,"认识你自己"是人生最重要的一部分内容。唯有认识自我、认识生命内在的善,人们才能直面人生,领悟生命的真谛。

你是自己的主人

柏拉图延续了苏格拉底"认识你自己"的思想,开始继续探索人生的意义。在他看来,肉体与灵魂沟通构成了人,而人的灵魂又可以一分为三,即理性、激情和欲望,三者的地位由高到低。可见,就本质而言,人的生活有双重性:一方面,人是理性的，生活在理念的世界里，分享着理念世界也就是神的生活；另一方面，人有欲望，会萌生原始的动物性冲动。激情位于理性与欲望之间，是它们的终结，情感与意志一同构成了激情。究其本质而言，激情本无善恶之分，只有在理性的指引之下，人生才会呈现积极向上的状态。因此，激情不应该服务于欲望，而应该听命于理性，这样一来，个体才能达到内部的和谐统一。

所谓理想的人生秩序，应该是在善的理念的指导下，达到的一种有序的和谐状态。这正是柏拉图所描述的"我们只能在那些颇具天赋又接受过良好教育的人群中看到，他们能在理智与信念的帮助下，有分寸地指引着那些简单的欲望，而他们只是人群中的个别现象"。换言之，柏拉图描述的这种有序而和谐的生活一定是由好的天性指引着坏的天性，如此，人才能真正成为自己的主人。

想要做自己的主人，就要先知道自己需要成为什么样的人，以及如何才能成为那样的人。欲望与生俱来，是人们生存下去的基础；然而，人们不能放任欲望，任由它控制意志，否则人们就会陷入欲望的深渊里，而理性则沦为欲望的帮凶。因此，人们必须有一个崇高而普遍的目标，它凌驾于个人的私欲之上，有能力支配欲望或激情。要想获得这种崇高而普遍的目标，人们就必须求助于理性，当人们接受了良好的教育后，才能依靠理智彻底地支配激情和欲望，这也是真正意义上的"成为自己的主人"。克制、勇敢、智慧是与理性、激情、欲望这灵魂三部分各自对应的三种品德，它们各司其职，才能最大程度完善人类的灵魂，使人类达到人生的最高目标。

在柏拉图看来，克制的本质是和谐，"克制是一种良好的秩序，能自如地控制某些快乐与欲望"。那么，既然克制意味着控制某些快乐或欲望，那一定是发现了更好的人生目标，比起那些纯粹的感性快乐，这种更好的人生目标更深刻，也更有意义。作为一种好的秩序，其实克制也象征着理性自身的秩序，也就是自发自觉地迈向更好的人生目标。

勇敢则是一种保持。无论处于何种情况下，都要保持一种信念，即将那些通过教育手段所树立起来的应该心存敬畏的事物牢记于心，而且无论如何都不会抛弃这种信念。

智慧，并不是用来致力于思考国家某个特定的方面，而是将整个国家视为一个整体来思考，不断促进其内部与外部的和谐统一。智慧是国家守护者应当拥有的知识，从严格意义上来讲，统治者就是真正的国家守护者，这种智慧应当时常从他们头脑中一闪而过。根据自然规律，只有少数的人能具备这种被柏拉图称之为智慧的知识。对任何人来说，他都必须先拥有健全的理性，才能拥有智慧。只有以智慧为手段，才能让理性、激情与欲望这三者各自的利益及其共同利益达到和谐统一的境界。

成为你自己

"你的良知在说什么？——你要成为你自己"，在《快乐的知识》中，尼采如是说。

在哲学的观念里，"自己"是一个如此宏大的词汇。我们也时常扪心自问，何谓自己？我们只知道，它是一个与人称类似的存在，是当与外部世界进行对比时的一种内在指向。然而，少有人思考过，真正的自己是什么，换言之，本性是什么，它是如何释放的？然而，对于真正的哲学家来说，他的思维世界的深度远不止如此，正如尼采对人之本性发出的拷问，那就是"我们该如何成为真正的自己呢"？

针对"成为你自己"这一哲学命题，尼采认为，大多数人宁可随波逐流，也不愿意向世人展现那个真实的自己，这大抵是因为人类的惰性。世人更愿意沿着他人的轨迹去过自己的生活，用世俗与舆论紧紧地包裹住自己。纵然有万丈光芒，也不愿彰显它，而是掩盖它、磨灭它。一切的根源在于创新性的人生需要不断思索、不断探险、不断发掘自我，而大多数人宁愿过着"二手生活"。人们被表象的"我"所迷惑，并不了解那个真正的自己，即本性，是如此迫切地渴望着一场"解放"。

在尼采看来，没有创新的人生是毫无色彩的，而懒惰则扼杀了大多数人生而为人的创造力，堪称是人类停业挖掘自我的

"元凶"。比起胆怯，懒惰更加面目可憎，它如阴云般笼罩着某个人，使其终其一生难以摆脱，才华也湮没其中。是什么桎梏了人的天性？是人们关注的目光，背后的窃窃私语，世俗的枷锁，道德伦理的牢笼，而懒惰则是最后一把镣铐，让人疲于挺身而出，面对这种种不堪。久而久之，大多数人成为了尼采所说的"笼子里毫无思想的野兽"，如猛兽害怕饲养员的鞭子一般畏惧着他人的言论。

尼采认为，人们最原始的生命力正是在西方唯物主义传统中逐渐泯灭的；而人们的自我则是在基督教传统中逐渐丧失的。在尼采看来，正是道德在束缚和制约着人类与生俱来的激情。要想成为真正的自己，人们就要竭尽所能地克服所谓的道德。克服自我，重估一切价值，对西方文化的基础进行一次彻底的反思。尼采认为，当上帝并不存在时，人的一切完全取决于自己，也就是说，自我是独立存在的。"成为你自己"是人生必需的一种践行，每个人要有每个人的个性，要保持独立。

可见，尼采所倡导的这种"成为你自己"是一种带有反思性质的自我肯定，毫无疑问，这对当时的社会意识形态的发展有着重大意义，对于那些陷入人生困境的人而言，就犹如漆黑汪洋之中的一座灯塔，为他们指引着方向。

苏格拉底的"认识你自己"与尼采的"成为你自己"，是对自我的两种态度。所谓"认识你自己"，是对内在灵魂的一种拷问，其目的是更深入地探索既已存在的真理，完善自身的德行。"成为你自己"则致力于扭转人们的气质，激励人们在漫漫人生路上奋发向上。因而，尼采提倡的"成为你自己"是一种人生的价值取向，抛开其中的积极或消极因素不谈，它至少可以激励人们为了发掘自我、实现自我价值而不断努力。

自由与道德

少年时，卢梭就熟读普鲁塔克所著的《希腊罗马名人传》，由此萌生爱自由、爱共和的思想，而这种思想也伴随着他走过了漫长的人生岁月。他所著的《论人类不平等的起源和基础》一书于1755年出版，他在扉页上写着将此书献给自由的国度——日内瓦共和国。

当时，法国仍处于封建君主专制的统治之下，但卢梭出生于共和国时期，他毕生都为自己作为"一个自由国家的公民"而感到骄傲。在给读者签名的时候，他习惯写上"让-雅克·卢梭，日内瓦公民"，表达着自己对自由、对祖国的热爱。卢梭多次说道："我希望在一个民主国家自由地生活，并在那里自由地死去。"他这么说了，也这么做了。卢梭终其一生都以自由为人生的终极目标并为之奋斗。

无论是在上流社会的觥筹交错之间，还是在加官晋爵的飘飘然之中，抑或是在虚荣迷幻的烟雾之中，总而言之，他凭借自己的努力获得了荣誉，但他从没有放弃过对自由生活的热爱，他对自由生活的向往如奔腾的江水一般，奔流不息。对他来说，比起自由，任何财富、名望和荣耀都不值一提，当年路易十五要赏赐他一项年金，但他唯恐因此失去自由与独立，断然拒绝。这足以证明他对自由的执着与渴望，令其一生从不妥协于封建专制的重压。

那么，究竟什么是自由呢？卢梭就自由发表过各种看法，总而言之，他认为自由就是在法律允许的范围内做任何自己想做的事情。他认为，人如果只是被欲望所驱使，那不过是失去了自由的奴隶，只有当人们服从于他们自己所制定的法律的时候，才获得了真正的自由。然而，当时法国的真实情况又如何呢？那些遵纪守法的公民毫无自由，而那些违法乱纪的封建统治者、上流社会的精英却成了自由的获利者。面对这黑白颠倒、是非不分的社会，卢梭抛开一切，努力追寻着一种与道德相符的自由。

那么，卢梭为何要把自由与道德结合起来呢？他认为，自由与平等是人们与生俱来的权利，因此，每个人都享有追求幸福生活的权利。但是，当人们寻觅并追求幸福的同时，还面临着两难的问题，那就是如何处理自己与他人的利益、个人与社会利益之间错综复杂的关系。

在卢梭看来，如果一个人为了自身利益而有损他人利益或社会利益，那么，虽然他做的是自己想做的事情，也拥有了自由，但是这种自由是以不道德作为基石的，可见，这种自由本质上是不道德的，是不可取的。例如，强盗通过破坏、侵占他人的利益而获得的自由与幸福就是不道德的自由。就像卢梭说的，有的人生活在这种自由里，虽生犹死，没有幸福可言。卢梭对自由的界定很有积极意义，他将自由区分为道德的自由和随心所欲的不道德的自由。因此，卢梭主张在追求自身利益的同时，要尽量不损害或少损害他人或社会的利益，在做完自己想做的事情后，能积极地回馈他人和社会。而那些生活在这种道德自由中的人，虽死犹生，他们的生命也因此有了正面意义。以此为出发点，他说道："在我看来，世界上最美好的人正是那些罔顾财富与非议，在道德的底线上享有自由的人。"

选择是困难的，但你必须选择

在萨特看来，是人创造了价值，"各种价值皆以我的自由为基础"，正是"我"维持着价值存在。他认为，对于价值自身而言，它是不存在的，没有了人的选择，它也就丧失了价值。因此，"价值恰恰是你选择的那种意义"。

人在一生中不得不进行各种选择，因此，价值无处不在，又处处不在。根据萨特的描述，价值是一种飘忽不定的东西。

因为外部世界是偶然性的、荒诞不经的、不可捉摸的，所以人们无法认识世界，也无法把握世界。同时，萨特还指出，外部世界唯一的功能就是被动地等待着人们的创造力介入，事实上，人们也的确在不断尝试着把握这个世界。

比如说，萨特所写的《墙》《恶心》这两部小说，他借助主人公的口吻表达了这样的思想：在虚无的世界里，一切都是偶然的，人生没有任何目的或理由，人的存在完全由偶然决定。

人拥有自由选择的权利并要为自己的行为负责，那么，人生必然充斥着各种孤寂、烦恼与绝望。萨特指的烦恼，主要是当人们在责任感的驱使之下做出某项选择时左右为难的心理。可以说，人在拥有自由的同时，烦恼也注定随之而来。

在萨特看来，任何人选择某种行动都不是随心所欲的，而要遵循一定的道德原则来作出选择：当某个选择不受道德原则约束时，就只是个人任性而盲目的下意识活动。萨特认为，但凡以追求自由为目的的行为，都是符合道德准则的行为，是值得被肯定的。萨特举了个例子，在《弗罗斯河上的磨坊》这部小说中，主人公塔利佛为了成全他人的幸福而牺牲了自己的幸福，忍痛放弃了她的心上人；在《巴马修道院》艺术中，主人公法布里斯为了追求自己的幸福，不惜牺牲他人的幸福。对此，萨特评价道："我们在书中遇见了两种对立的道德观，然而，我认为它们是对等的，因为自由是这两个事例中最终的目的。"

萨特还举了另一个例子。第二次世界大战期间，有一个年轻人面临着两难的局面：一是离开年老体弱的母亲，参与抵抗运动，二是留在家中，服侍母亲。然而，无论选择哪一条路，都面临着可怕的后果。于是，年轻人几经周折找到萨特，请他为自己指点迷津。萨特回答他："没有一般性的道德准则能作为你的参考，但你记住，你是自由的，你可以自由地选择。"

萨特的回答说明了他不认为存在一般性的道德准则，然而，在这两则例子中他都将自由作为一般的道德准则。正因为如此，唯有那些企图拥有绝对自由的人才是不道德的，他们试图用固有的道德准则为他们自私的行为进行辩护，从而逃避责任。

第三章

哲学这样看道德

至善，犹如太阳

公元前5世纪，雅典城邦里出现了一系列问题。在《理想国》一书里，柏拉图针对这些问题拟建了一个理想化的国度，其中涉及国家政治、经济、文化、教育等方方面面。《理想国》开篇就从正义这个角度入手，通过描写苏格拉底与其他哲学家之间展开的辩论，虚拟了一个全新的统治者。这个统治者有着健壮的体魄、良好的音乐素养和深厚的哲学素养，尽心尽力地守护着他的城邦，而生活在城邦里的每个人也都恪守本分，和谐共处。《理想国》所描述的这派理想景象就是柏拉图终其一生所追寻的理想，他为此倡导治国者要认识关于"善"的理念。

在《理想国》的第六卷，柏拉图就开始探讨何为"善"。只不过柏拉图认为，自己当时尚且无法准确地为"善"下一个定义。他写道："我担心自己的能力不足，单凭一腔热忱恐会弄巧成拙，闹了笑话。若把我此刻心中的想法解释清楚，恐怕还很难。更不用说付诸实践了。"于是，柏拉图另辟蹊径，先谈论了那些看上去与"善"类似的东西，他称之为"善的儿子"。在柏拉图看来，光是一种很奇妙的物质，它可以将视觉与可视的世界紧密连接起来。例如来自太阳的光不仅能让人们用眼睛更好地看见万事万物，也能让万事万物更好、更容易地被看见。于是，柏拉图用这个生动的比喻来向人们说明在这个可以被感知的世界里，"善"所处的地位和发挥的作用。至善的真理在照亮人们灵魂的同时，也给人们带来了光明，让人们更能深刻地体会到这个世界的源泉，那就是"善"。

可见，柏拉图所提倡的"善"的理念能让人们产生认识这个世界的能力。正如柏拉图在《理想国》里写的：太阳让我们能看清这个世界，还促使诸多事物随之产生、成长。换言之，"善"赋予了世间被认识事物的一种可知性，而这些事物还从"善"那里获得了它们的存在。可见，"善"本身并非实在之物，但是比起那些实在之物，它的地位和能力都远远在其之上。

唯有那些灵魂达到至善境界的人们，才能成为真正的统治者。正如柏拉图所说，只有那些天赋异禀和有优良品质的人们，在受到良好的教育后，才能靠理性获得"善"的理念。然而，这一部分人只是极少数。这些极少数人有着惊人的记忆力和理解力，生性豁达、温文尔雅，又追求真理，具备勇敢、克制、正义等种种美德，堪称真正的哲学家。唯有这种人，才能成为城邦真正的统治者。

究其根源，柏拉图之所以不厌其烦地阐述种种关于"善"

的理念，都是在为建立一个正义的城邦作铺垫。唯有那些将"善"的理念根植于心的哲学家，才能治国齐家，让整个城邦井井有条，带领着人们走出人性的困境。因此，只有在理想国里，权力与智慧才会完美地结合；在和谐、稳定的正义城邦里，"善"的理念才会光芒万丈。

公正是最完美的品德

在众多品德中，最受人们青睐的是公正，它被人们摆放在很高的位置。在亚里士多德看来，在众多品德里，公正是唯一关怀他人的善。不公正的表现可以分为两种，即不公平或不守法。相应地，公平则表现为公正或守法。一般情况下，人们习惯将公正与公平画上等号，当人们遭遇不公平的时候，往往会诉诸法律这个第三者。因此，作为法律的裁决者，应该时刻遵守公平的原则。

亚里士多德认为公正是最重要的，它汇集了一切品德的美好，比天上的星辰还要闪耀。公正是趋于完美的品德，人们一旦拥有了它，就能以德行对待他人。在芸芸众生中，很多人都能以德行善待自己，却不能以德行善待他人。正如毕亚斯说的，"男子汉表现在领导之中"，作为领袖人物，必然要关怀他人。

在诸多品德中，公正是真正关心他人的"善"，公正与他人息息相关，以领袖或同伴的身份可以为他人造福。最邪恶的人，不仅有损于自己，更有损于亲友；而最善良的人，不仅以德行对待自己，更以德行对待他人。人世间最困难的事情就是以德待人。在亚里士多德看来，公正绝不是品德的一部分，而是品德的全部；相应地，不公正也绝不是邪恶的一部分，而是邪恶的全部。

亚里士多德认为，从某种程度上来说，公正是一种比例，不公正则意味着有悖于这一比例。不公正的人占比多，意味着有更多的人会遭受不公正的待遇，他们的利益也会被瓜分。

人们一旦陷入喋喋不休的争论之中，就会向裁判者求助。裁判者被视为公正的代名词，求助于裁判者，就是寻求公正。从某种意义上来说，诉诸裁判者也就是诉诸中立，因此人们也称裁判者为中间人。裁判者让一切回归公平的状态，就好像面对一条分割不均的线段，他从较长的那条线段里取出一部分，添加到较短的那条线段上，从而平均分割这条线段。正如亚里士多德对公正的诠释，"按照算数比例，公正处于大和小的中间"。因此，公正意味着平均分配，有的人也因此将公正称为评分，将裁判者称为仲裁人，对分配的情况进行仲裁。

此外，亚里士多德也多次强调，做任何公正的事情都必须以自愿为前提。公正的行为应该是出于自愿的选择，而不是被迫或外界压力的结果。只有在个体自愿选择公正行为时，这种行为才是真正意义上的公正，因为它体现了一个人的品德。

完备的德行，至高无上

在《尼各马可伦理学》一书中，亚里士多德阐述了那些身居高位的人具有至高无上的德行的事实。那么，怎样的人才是真正有德行的人呢？有德行的人的存在又有何意义呢？对此，亚里士多德的回答是："道德的意义是那些人在理性的驱使下付诸行动，它最难能可贵的一点是选择过一种有意识的生活，在可能的各种途径中选择最恰当的那个目标。"可见，他尤其关注"目的""意志"这些命题。

在亚里士多德看来，道德是抵达至善的唯一途径，就像柏拉图所说的，只有以道德为媒介，才能"收获哲学带来的洞见的快乐"。具体而言，德行在亚里士多德的哲学理论里有两重含义：第一，它是实现幸福的重要手段；第二，它是人们在现实生活中重要的行为内容。以此为基础，亚里士多德进一步将德行的含义阐述为两个方面，即理智的德行和行为的德行，前一种代表目的，后一种代表手段。

财富是道德的包袱

培根在他的随笔中谈道:"财富之于德行,不过是包袱。"在他看来,财富与德行的关系,就如同辎重与军队之间的关系。对于军队来说,辎重是不可或缺的,但也不可滞后,辎重有时候会有碍于行军,甚至贻误战机,最终妨碍取得胜利。

培根认为,在满足基本的生存需求之后,巨额财富并没有真正的用处,除了可以用来修斋布施之外,其他用途不过是幻想。正如所罗门之言:财富越多,食者越众;除了饱饱眼福,于财主又有何益处呢?任何人满足个人的吃穿用度都无需巨额财富,享有巨额财富,不过是保管着巨额钱财,或者拥有施舍捐赠他人的权利,或者享有富甲一方的名声,然而,对于他们来说,财富并没有实际意义上的用处。正如培根所说:"君不见,有人为了区区几颗小石子开出天价?君不见,有人为了巨额财富而推进某些铺张浪费的巨大工程?然而,也许有人会说,财富能帮助人们消灾解难,就像所罗门说的,在富人心中,钱财就犹如一座城堡。"然而,事实上,这座城堡只存在于人们心中,而绝不会存在于现实生活中,任谁也无法否认,钱财带给人们的灾祸远远比消解的灾难更多。

培根告诫世人,永远不要为了满足虚荣心而追逐财富,而应该谋取那些取之有道、用之有度、施之有乐且遗之有慰的钱财。然而，也无须像修道士那般不食人间烟火，全然不屑钱财。同样是挣钱，却有有道与无道之别。多年之前，西塞罗为波斯图穆斯进行辩护，他说道："显然，他追逐财富的增长并不是为了满足一己之私，而是为了拥有行善的实力。"这句话正应了所罗门对世人的谆谆教诲："别急着发财，对于急着发财的人来说，他只会更快地失去清白。"

培根提到，他与一位德高望重的英格兰贵族素有交情，英格兰贵族当时富甲一方，拥有大片的农场、牧场和林场，还有矿产等诸多产业，因此，对于贵族来说，大地可以源源不断地为他提供财富，永远不会枯竭。

有人嘲讽这位英格兰贵族，认为他不过是小打小闹，很难赚到大钱，此言不假。但倘若一个人真的如他一般拥有巨额财富，恃强凌弱、囤积居奇，财富就如同滚雪球一般越来越多。大多数行当挣的都是辛苦钱，赚钱的途径有两种：辛勤劳作和诚信不欺。除此之外，任何发家致富的行为都会有失德行。培根举了一个投机买卖的例子，就是购买货物不为己所用，而是囤积居奇，以更高的价格售卖。对于原来的卖家或二手顾客而言，这种行为都无异于敲诈。

此外，培根还提醒世人，"永远别相信那些表面上对财富嗤之以鼻的人，他们之所以蔑视财富是因为他们已经对财富不抱希望。一旦他们发家致富，就会比别人更惜财、爱财、贪财"。

善是关心大众的福祉

在培根看来,所谓善,就是关心大众的福祉。培根说:"性善是天性,行善是习惯。在人类的诸多美德中,善是最伟大的。"

培根认为,人世间的大多数事物都要遵循一个度:过分追求权势,天使走向堕落;过分渴求知识,人类走向堕落。然而,诸事之中只有博爱是例外,博爱是无边无涯的,人也好,神也罢,都不会因为过于博爱而堕入危险的深渊里。在他看来,人性上被烙下了深深的向善倾向,一个人如果没有爱其他人的机会,他就会把这份爱施予其他生物。有一则相关记载,讲的是在君士坦丁堡有一个基督教小男孩,有一天,他突发奇想,将一只长嘴鸟的嘴用其他东西封住,结果小男孩被当地人狠狠地教育了一番。

同时,培根也意识到,有时候仁善也会犯下错误,就像一句俗语:"他太好了,甚至好得窝囊。"马基雅维利是意大利的一位著名学者,他曾在文章中犀利地写道:"基督教教义让好人沦为猎物,让他们遭受暴君的欺凌。"因此,培根劝告世人:"为了避免陷入危险或丑闻的深渊,在行善之前,最好从别人的错误里吸取教训,不要成为滥好人。"在他看来,我们要悉心学习别人的优点,但也不能被他们虚伪的面孔或巧言令色所蒙蔽，因为软心肠或轻信反而会葬送自己。其实，对于那些老实人来说，软心肠和轻信是人生的镣铐。

在培根看来，人性具有双重性，向善与向恶是共生的。他认为，虚荣、倔强、暴躁等性格特征还算不上最坏的，嫉妒才是其中最恶的品性，也往往祸及他人。有一种人以落井下石为乐，他们活下去的意义就是为他人制造麻烦。

但善良也不是单一的，它由多种成分组成，被打上了各种标签。如果一个人对待陌生人亲切而有礼貌，那么他一定是一位真诚而富有同情心的好人，他的心也常和别人的心联系在一起。如果一个人能发自内心地谅解并宽宥别人的冒犯，这说明他的善良可以包容一切，因而就不会被伤害射中。

第四章

哲学这样看人性

人是天生的政治动物

亚里士多德在《政治学》中写道:"城邦乃自由人的共同体。"在他看来,人与动物的区别在于,人天生就渴望着一种社会生活,也就是城邦生活,这里的城邦指的是国家。人一旦离开了社会,就不复存在,要么成为神,要么成为动物。

亚里士多德对国家的理解与柏拉图有所不同。柏拉图并没有将国与家严格地区分开来,他所提倡的理想国其实是一个和谐的大家庭,而这个大家庭的家长就是国王。亚里士多德所倡导的国家可以说是一个政治社团,相较于其他社团,它有两个重要特征:其一,它是由平等的成员缔结而成的社会组织,任何不拥有平等身份的个体不能参与其中,比如儿童、奴隶等;其二,这个组织靠契约来维系,也就是说,社团的成员之间必须是平等的关系,不平等的人之间根本无法订立契约,与此同时,包括统治者和被统治者在内的所有公民都必须依照法律来处理社团里的各项事务。

国家之所以存在，是为了让公民过上优良的生活，而非一般的生活。依靠个体是不可能过上所谓的优良生活的，这种生活只有依托国家才能得以实现，而且这种优良的生活并不只属于其中的某一部分人，是属于全体公民的。换言之，国家的最终目的是达到至善，也就是全体的善。对于任何一个个体来说，真正的至善就是拥有强健的体魄、一定数额的财富与良好的德行，三者缺一不可，而国家正是这种至善的幸福生活得以实现的场所。

亚里士多德认为，任何一个国家的公民都可以划分为三种，即富人阶层、穷人阶层和居于两者之间的中间阶层。在他看来，中间阶层是统治理想国家的不二人选，他们有着富人和穷人所不具备的优势。他指出，富有的人拥有过多的财富，常常飞扬跋扈，很难服从他人的领导或是遵守法律；贫穷的人往往出身卑微，很容易成为地痞，也并不知道要服从于法律。因此，这两个阶层的人一旦掌握了国家的统治权，都会让整个国家陷入混乱，并最终造成双方的对立。而中间阶层统治国家则大有裨益：就德行而言，他们拥有一定的财富，且性情温和、少有野心，是三种群体里最讲道理的人，也是社会中最稳定的群体。让这类人掌权，可以有效地调和富人与穷人之间的矛盾，在政治上行中庸之道，避免国家走向任何一个极端。

解密人的需求

在马斯洛看来，人的需求是一个有层次的体系，换言之，任何一种需求的出现都是以较低层次的需求得到满足为前提的。正如马斯洛表示：人是一种需求不断的动物，除了那些短暂的时间外，极少达到完全满足的状况。一个欲望满足后，另一个欲望会随之而来，占据人心。人几乎一生总是在希望着什么，是贯穿他一生的特点。

在此基础上，马斯洛将人的需求分为五个层次：

生理的需求。这是人类最原始、最基础的需求，诸如衣食住行等。如若这一层次的需求得不到满足，人的生命就会受到威胁。换言之，这是最强烈而无法避免的底层需求，也是人生而为人的最原始动力。显然，这一层次的需求有着自我保护和种族延续的重要意义，是人类个体生存的前提条件。当一个人受制于生理的需求时，其他更高层次的需求都会被推后。

安全的需求。当生理的需求被满足后，安全的需求也随之而来。人们都需要远离诸如恐惧、惊慌、痛苦等不安情绪，需要过有规律的生活，需要生活的环境是井然有序的。我们经常能从儿童身上发现他们对安全的强烈需求。他们渴望着一切都能"公平、和谐和统一"，一旦与之相悖，他们就会陷入焦虑。相较于儿童，成年人能更好地处理这种不安情绪，可是，成年人也有对物质、心理、精神等方面的安全需求。

爱与归属感的需求。当一个人拥有了稳定住所和固定收入后，这意味着他已经具备适宜的安全感。这时候，他开始需要陪伴，需要在群体中寻找一个恰当而舒适的位置，安放自我。如果这一层次的需求没有得到满足，个体就会产生强烈的疏离感和孤独感，甚至会感到痛苦。

尊重的需求。伴随着爱的需求而来的，是尊重的需求。马斯洛又将尊重的需求分为三类，即自尊、他尊和权力欲。在他看来，尊重的需求鲜少被完全满足，一旦基本上得到满足，就会产生推动力，让人保持持久的干劲。

自我实现的需求。马斯洛认为，这是最高层次的需求，通俗地讲，就是"成为你所希望的那个人"。具体到每个个体而言，有的人可能希望成为一个温柔体贴的理想伴侣，有的人则希望在事业上大显身手，还有的人希望能向世人展现自己绘画或音乐的天赋，等等。就这一层次的需求而言，个体之间的差异最大。正如马斯洛所说："那些有着自我实现需求的人，似乎总在竭尽所能地让自己趋于完美。自我实现往往意味着要活跃地、忘我地、充分地体验生活，在此过程中实现自己的抱负。"可见，一个歌剧家必须演唱，一个画家必须作画，一个舞蹈家必须起舞，不然，他的灵魂会永远无法宁静。忠于本性、实现自我，这是人类最高层次的需求。

任何个体的本能里都潜藏着这五种不同层次的需求，不同的时期里，个体对不同需求的迫切程度也各不相同。一般来说，最迫切的需求往往就是激励个体付诸行动的原动力。

情感与人性

在西方哲学史上，一些有宗教信仰的哲学家总认为人性与情感是对立的，并认为情感是违背人性的，是人性的缺陷。古希腊时期，斯多葛学派就提出错乱源于谬误，情感源于错乱。他们认为愤怒、恐惧、快乐、悲痛是人类最基本的四种情感，并认为它们与人性是彻底对立的。在此基础上，他们还认为，人们要遵循自己的本性去生活，不能丧失理性。芝诺是这个学派最著名的代表之一，他为情感下的定义流传已久，那就是"情感是灵魂的一种非自然、非理性的运动，也可以称之为过剩运动"。由此可见，芝诺也承认人性与情感是完全对立的。

斯宾诺莎对此提出了批判。他认为："人们总是为种种激情所折磨，而哲学家习惯于把这些激情视为我们因为自身过失而导致的邪恶。因此，他们不留情面地嘲讽、批判这些激情，为了表现得比其他人更虔诚，他们甚至还会借用神的名义来诅咒。他们认为自己的所作所为是神圣的，陷入一种不断称赞那些并不真实存在的人性和不断诋毁那些真实存在的人性的怪圈里，而他们还自以为是地觉得自己攀上了人类智慧的巅峰。"接着，他承认情感确实会引起人们心境的波动起伏，甚至是不快，但它们绝不是人性的邪恶，相反，"它们属于人性的一部分，就犹如大气现象包含了冷、热、干、湿、风、雨、雷、电等，二者从本质上并无区别"。

斯宾诺莎从不认为情感是人类本性的邪恶。就像上文所叙述的，他认为人是自然的一部分，人的心灵只是来自躯体的观念罢了。因此，心灵从未也不会力图摆脱躯体，甚至心灵的第一要务就是肯定躯体的存在，因为这是心灵得以存在的基础。在他的哲学体系里，情感正是心灵与躯体沟通的媒介，心灵借助情感对躯体或它的某一部分进行肯定。他进一步指出："每个个体莫不适其性，乐其生，但其所乐至生，自适之性并非旁物，正是个体所具备的观念或灵魂。"接着，他又在《神、人及其幸福简论》里写道："所有好的情感都有一个共同的特征，那就是如果没有它们，我们就不能存在，亦不能继续存在。因此，我们从根本上拥有着它们，这些情感包括爱、欲望乃至所有关乎爱恋的情感。"我们从中不难看出，在斯宾诺莎看来，情感与人性并不矛盾，情感只源于人性的一部分，而人的存在与继续存在都离不开情感，只是要对不同的情感加以区别。

理性与习惯

休谟是英国18世纪著名哲学家，他在30岁之前就完成了自己的代表作——《人性论》，但是当时这本书并未在哲学圈里激起太大的水花，直到日后才逐渐为人们所知。

休谟探讨的人性涉及的内涵比较广泛，包括了人的知识和人的本质，之后才涉及更贴近人性的那些领域，比如情感、道德、欲望等。

最初，休谟对人关于世界认识的构成及其来源进行了比较系统的考察。他认为，知觉就是人的认识，它可以分成两类，即印象和观念。所谓印象，就是最初源于心灵的各种情感、情绪、感觉等；所谓观念，则是前者的摹本，也就是说，当心灵产生某种印象后就会留下复本，我们称之为观念。可见，有了印象，才有了观念，印象可以说是构成人们心灵世界的最基本部分。以各种印象及其互相的关联为基础，人类的整个知识体系由此建立，所有知识都源于印象，也就是经验。然而，我们并不知道印象是如何产生的，也许它们都是由于某些不为人知的原因引起的。

休谟构建的整个思想及理论体系基本上就是以上述思想为基础的，而他后续对人性论的探讨也是对这一思想的进一步推演与应用。

必然性和因果关系是人们整个知识体系里最根本的原理，是其他一切知识的基石。但是，休谟对上述观点提出了质疑，他并不认为事物在本质上具有必然性或因果关系。这里所指的必然性或因果关系其实就是理性。以此为出发点，他认为人类的情感与道德无关乎理性，而是以感觉为依据。人们根据自己的主观感受确定了善与恶的标准，善能让人们感觉到快乐，而恶能让人们感觉到痛苦。如此来看，人性的本质就是自私的，人人都致力于追求那份属于自己的快乐，也就是所谓的善。

同情与比较是人性两条最根本、最伟大的原则。就同情而言，人性本质上是自私的，但在某种程度上依然遵循着同情的原则，倘若某个人或某件事能让他人感到快乐，我们也会自然而然地萌生好感。这就是为何千百年前人们就开始称赞公益事业，是因为公益事业在本质上是一种建立于快乐感受上的利他性事业。

在休谟之前，理性世界观是很传统的，休谟的种种思想无疑为那个有些枯燥的世界提供了一个突破口。正如他所指出的，理性也有着自身的局限性，不应该将其作为衡量一切标准的观念。

总的来说，休谟的观点给予后人两方面启示：第一，所谓的客观真理其实并不存在。说到底，真理也是人们认识的一种，甚至只是某些少数人或某个人在某一刹那的认识，因此，真理其实也局限于个人或少数人认识上的局限性。没有人能全面洞悉某个事物。因此，人们对于事物的认识就很难完全与事物本身的性质相吻合，只是一种相似性罢了。第二，人们的各种行为源自习惯，而非理性的思考。我们不妨仔细考量一下人们的各种行为，其中出自理性思考的行动占据多大比例呢？一旦某种行为被固化下来成为习惯，就从某种意义上获得了真理性，再也难以改变。就这个层面而言，习惯即是真理。

人性的善恶

人性的善恶其实是一种具象的社会评判。人性论在马基雅维利的哲学思想里占据着重要地位，但同时也引起了很多误解。

在《君主论》第一部第三章里，马基雅维利这样写道："倘若人们意欲建立国家并设立法律，就必须先承认人性之恶，一旦有机可乘，人类的恶之本性就会暴露无遗。如若恶的本性一时之间并未显露，那一定是出于某些未可知的原因，或是没有得到一个宣泄的机会；但是，时间会揭开一切谜题，人类的恶之本性迟早会暴露。"

很明显，马基雅维利是针对设立法律的大前提来谈论人性中恶的本性的。换言之，任何立法者都必须先假设人们都拥有恶的那一面，而立法的目的就是尽可能地阻止坏事发生。马基雅维利在人性论里揭示的思想对后来西方的政治、法律产生了深远影响。

其实，马基雅维利针对人性提出的看法与后来人们对他思想的解读，即人性本恶，相去甚远。人性之恶和人性本恶之间有着本质上的区别，后者是对全部人性所下的一个定论，与马基雅维利的思想大相径庭。在他看来，人性其实是一种自我保护的本能，它与不同的意识联系在一起就会呈现出不同特性。在马基雅维利的哲学体系中并没有刻意研究任何一种人性。在他看来，人性并不是抽象的理论问题，也不是驱动少数人努力追求和完善人格的内在动力。人性的善和恶都是具体的。马基雅维利主张从更加现实的层面来看待人性问题，它只是人类出自本能的一种自我保护意识，这种保卫自身的力量在每个人身上都有。

纵观西方思想史，人们总习惯于在精神层面谈论那些抽象的东西，诸如"崇高而伟大的精神"等。然而，如果回归到现实社会的层面，我们就不能简单地将人性归纳为一种单一的特性。善与恶都是人性的一个侧面，而且人性是多面的，并不局限于善或恶。在马基雅维利看来，人性是多样的，人性与人的意识相互关联，它们谁也控制不了谁、谁也决定不了谁，但二者一旦发生关系就会有多种变化随之产生，从而导致各种不同的社会后果。比如，在他看来，"崇高而伟大的精神会促进人与人之间的和谐友谊，而对名利的贪婪则会让人性扭曲，呈现出种种卑劣的形态"。他认为，如果没有法律的规范和引导，人性根本无所谓善恶或对错。人性中的善或恶，不过是人们通过法律的形式在现实社会对人性进行的一种认定。

此外，善与恶总是在马基雅维利的理论体系中相辅相成，也就是说，现实生活中的人性往往是由多种因素共同激发的。正如他所说：善跟随着恶，恶也跟随着善，这是永恒不变的规律。

马基雅维利思想体系里的人性是多样的、不确定的，与此同时，人性之恶拥有巨大的能量。正是基于这些观点，人需要有理性的思维，还需要有立法者的指引，必须用法律来治理国家。为了保证社会的和谐稳定，政治家不能顺应着人性来治理国家，必须遵循理性与现实政治的要求来引导人性走上正途。

第五章

哲学这样看人生

治疗灵魂的医术

苏格拉底坚信，哲学探讨的核心问题是"你如何理解这个世界"，以及"你认为生命里最重要的事是什么"，而这些命题与每个人的身体、精神状态都息息相关。信念不同，情感状态也不同；意识形态不同，也会导致不同的心理疾病。

在苏格拉底看来，就某种意义而言，每个人的价值观都来自其所处的社会，但是，任何人都不能责怪自己或他人的文化素养，因为正是他自己每天选择接受它们、认可它们的。正如苏格拉底所言，人们有责任"关照我们的灵魂"，这是哲学的教导，即心理治疗的艺术，它最初起源于古希腊人关照灵魂的思想。人有义务时时省察自己的灵魂，判断价值观或信念是否合理，哪些是健康的，哪些是病态的。可见，哲学在某种程度上被视为一种可以施加于自身的医术。

西塞罗是公元前1世纪古罗马著名哲学家，他曾在书中写道："正如我向你们保证的，确实有一种治疗灵魂的医术，那就是哲学。与身体的疾病不同，我们无须去身体之外寻求救助它的办法，却可以运用我们自身的力量去治疗自己。"这正是苏格拉底一直致力于教给他的雅典同胞的哲学思想。那时，他时常在城邦的街道上悠闲地散步，遇到路人就停下来，与他们交谈，去了解他们的信仰与追求。后来，他的雅典同胞认为他亵渎了神灵，对他进行审判。这时，苏格拉底对他们说："我在雅典城邦里四处游走，与你们攀谈，就是试图说服你们中间的老者与年轻人，不要在意你们的身体或财富，而要竭力'让灵魂达到最佳的状态'。"

苏格拉底的生活哲学饱含着一种一以贯之的乐观态度，人们可以省察自己的信念，通过改变它们来改变自己的情绪，这就是自己治愈自己的能力。

快乐，或是快乐的影像

柏拉图在《理想国》一书中对快乐和与之对应的快乐的影像进行了探讨。在他看来，除了智者之外，其他任何人拥有的快乐都只是一种快乐的影像，都不是真实的。为什么柏拉图会这样说呢？

他举了一个例子，人们生病时，往往会说再没有比身体健康更让人快乐的事情了。当人们深陷痛苦的泥沼中时往往会说，痛苦停止了，即是快乐；快乐停止了，即是痛苦。那么，那些平静的中间状态则可能既不快乐也不痛苦，也有可能既快乐又痛苦。然而，那些两者皆否的东西真的能转变为两者皆是吗？显然不能。对于人来说，快乐也好，痛苦也罢，都是源自心灵的一种活动，而这种介于快乐与痛苦之间平静的中间状态，无论如何也不会是既快乐又痛苦的。由此可见，用痛苦作为快乐的参照物，或是用快乐作为痛苦的参照物，归根结底都是平静的中间状态，这是一种快乐或痛苦的相似影像，但绝不是真正的快乐或痛苦。柏拉图将这种似是而非的快乐称之为快乐的影像。有的快乐能从肉体传达至心灵，这是所谓的最大的快乐，但这些快乐大部分其实都是快乐的影像，它们并不是真正的快乐，而只是在某种程度上摆脱了痛苦。比如说，吃饭能让人产生快乐，这是因为人们通过吃饭摆脱了饥饿的痛苦。人们的种种期盼也会产生快乐与痛苦，这种快乐与痛苦是处于满足人类基本需求的快乐与痛苦之上的。柏拉图对此作了进一步的阐述：我们可以把自然一分为三，即上、中、下三个级，人们从下级逐渐上升到中级，但他们从未领略过真正的上级，因此，就自认为中级已经处于上级了。人们之所以产生这种错误的观念，是因为他们进行了错误的对比。那些没有经历过真实的人，也难以正确认识真正的快乐和痛苦，以及处于二者之间平静的中间状态。

柏拉图又指出，那些用来充实的对象或被充实的对象越是真实存在的，人们从中获得的快乐也就越真实。人类的肉体和心灵长期处于一种空缺状态：为了满足身体的需求，必须给它提供各种食物；为了满足心灵的需求，必须给它提供各种知识。对身体和心灵而言，用来充实它们的对象有着本质区别：食物永远处于变化之中，是可生可灭的；而知识却永远存在，也不会变化，后者远远比前者更实在，所以会更真实、更可知。因此，柏拉图的结论是，拥有智慧的人才能拥有真实的快乐；而那些没有智慧的人，他们终其一生在中级和下级之间往返，从没有真正抵达过上级，从没有获得过真实的满足，也就从未感受过最纯粹的、最真实的快乐。有的人心灵中存在着某些不实在的部分，而他们也总是试图用某些不实在的东西去填充那里，这往往是徒劳无功的。这种人所感受到的快乐只会混杂着痛苦，因此，他们所触及的快乐也不过是真实快乐的影像罢了。与之相反，如果人们能在知识和理性的引导下，纯粹地追求智慧，那么，他们最终会感受到最真实的快乐。

遵循正确的方式，过真正的生活

斯宾诺莎认为，正确的生活方式的重要内涵之一，就是要对两种不同的欲望加以区分。在他看来，有一种欲望源自人的本性，单单依靠人的本性就能够理解这种欲望。心灵是由充分观念构成的，而这种欲望与充分观念息息相关。其他欲望则恰恰相反，它们虽与心灵有关联，却是针对那些心灵并不能充分认识的事物而言的。因此，前者是主动的行为，人能够凭借自身的理性来驾驭它、决定它，是善的；后者是被动的感情，这意味着我们拥有的仍是软弱的、无力的、不完备的，它游走于善恶之间。

我们从《伦理学》第三部分所论述的内容可以发现，斯宾诺莎所指的被动情感的欲望，其实就是在外部因素刺激下引起的欲望，比如对财富的追求、对名利的渴望等。在他看来，这些欲望必须遵循一定的度。一旦超过了某个限度，就会沦为恶。然而，如果能控制在一定的限度内，它们对身心都是有利的，也可以成为善。不同于这种被动情感的欲望，斯宾诺莎把源于理性的欲望称之为心灵的力量，将其分为勇敢与崇高两种类型。所谓勇敢，包括了自我克制、谨慎、临危不乱等；所谓崇高，包括了宽容和礼貌等。

正确的生活方式的重要内涵之二，即生活中的头等大事就是致力于完善理智。具体来说，就是要尽可能地了解自身、了解一切事物。这要求人们以追求理性为人生的最终目的，并用理性这种最高欲望控制其他各种欲望。

正确的生活方式的重要内涵之三，是待人。斯宾诺莎在书的附录部分利用大量篇幅谈论了与人相处的方方面面。他尤其强调了友谊与团结，要在人与人之间建立起一种亲密的关系，让他们如同整体般联系在一起。他还认为，很多人的行为完全受情欲所支配，想要促进个体之间的友爱与和谐，最好的办法就是包容这些人造成的伤害。那些真正和谐的行为始终与公平、正义、荣誉等密切相连。尽管谄媚亦能产生和谐，但这种和谐并无任何诚意。

正确的生活方式的重要内涵之四，是如何对待外部事物。斯宾诺莎写道："我们在理性的指示之下，要么保存它们，要么消灭它们，这完全依赖于它们自身的公用是否能适应我们的需求。"这是他崇尚对待外部事物的一个总原则。

爱与善，即美好人生

罗素是一位颇为博爱的哲学家，对人类幸福怀着满腔的热情与关切。他建立了自己的幸福观，尤其关注决定人是否幸福的个人伦理。在他看来，那些遭遇悲惨的人并不是真正不幸的人，相反，那些享有足够温饱的人才有可能不幸。为什么呢？因为并不是经济问题造成了这类人的不幸，而是他们错误的世界观、伦理观或生活习惯最终导致了他们不幸。

那么，幸福源自什么呢？罗素认为："对于人或事物的友善与关切是幸福的根本立足点。"关爱人或周遭事物，其实就是一种爱。一个能够观察并体恤别人的人一定也会获得来自别人充满善意的反馈，因此，个人幸福的源泉其实就是由衷地爱很多人。罗素把对周遭事物的关爱排在了对人的关爱之后，这很重要。以关切之心对待周遭事物，才能让人始终拥有平和的心境，也能让人快速忘却烦恼。

罗素定义的爱有着宽泛的内涵。在他看来，作为一种情感，"爱游走于两个极端之间，一边是思考时最彻底的快乐，另一边是最彻底的仁爱"。比如说，当人们在观赏山川湖海等自然风光时，会感受到快乐，但仁爱之心并不会由此萌生。再比如说，孩子生病了，父母会心生怜悯，但对孩子的表情却不会在意。罗素认为，最理想的爱其实是美好希望与快乐的合二为一，换言之，爱包含了两部分，一部分是对周围事物的热爱，另一部分是对人要心怀友善。这种爱又包括很多种，有父母对孩子的爱、恋人之间的爱、朋友之间的爱等。

除了爱之外，罗素认为善的生活的另一大要素就是知识。他所说的知识包括科学知识和关于个别事务的知识。在他看来，要实现善的生活，就必须以知识为手段。工作、兴趣爱好等都是幸福生活的重要来源，而这些也都与知识息息相关。

此外，罗素还发现那些拥有幸福生活的人都有一个很普遍的特点，那就是这些人都很有情致，建议人们尽可能地培养一些兴趣或爱好。他说："一个人感兴趣的事情越多，他获得幸福的机会就越多，也越不容易受控于命运。这是因为即使他失去了某一件东西，他能马上转向另一件。"真正的情致与人类的天性浑然天成，人们应该把欲望和兴趣都融入生活这个整体框架里，让其成为幸福最真实可靠的来源。

孤独的真谛

尼采在《查拉图斯特拉如是说》里写道:"我的兄弟啊,满怀着你的创造力和你的爱,去到你的孤独里吧!很久以后,正义会瘸着脚,跟随在你身后。"这是尼采所预言的一切创造者的命运。

在尼采看来,孤独并不可耻,反而是一种荣耀。他说:"有一条可怖的鸿沟,将他们与一切传统隔离开,使他们栖身于永远的荣耀之中。"当一个真实的人被虚伪所包围,他注定孤独;当一个有思想的战士向无知发起挑战,他也注定孤独。对那些真诚而勇敢的人而言,孤独是他们的命运。

对于尼采而言,孤独是一个危机重重的避难所。长期处于孤独的氛围中,人会变得萎靡不振,最终臣服于身体与精神的折磨。任何处于孤独包围之中的人,都需要拥有如歌德或贝多芬那般坚毅的品质,才能在孤独中坚持自我。对于这些伟大的人的最终命运,尼采一直抱以悲观态度:"这样的人最终都会走向毁灭,这是规律。在地球的许多角落里,他们屏气凝神地等待着,不知要等多久,最坏的结果也许是空等一场。不过,可别认为这样的一生只有苦难相伴。孤独者的陶醉与欢愉是一般人难以想象的。"

在尼采看来,迎着严寒绽放的梅花是孤独的,因为其他的花儿不堪忍受寒风白雪的摧残；在苍天振翅高飞的雄鹰是孤独的，因为万物之中只有它能睥睨众生；而哲学家同样也是孤独的，因为只有他们怀着一颗敏感的心，试图剖析一切令人痛苦的人生问题，而不愿意效仿那些麻木的灵魂。

市井小民最令尼采不齿，在尼采看来，他们自卑而麻木，不认为可以改造他们。尼采主张，若以追求真理为人生目标，就应该远离那些市井小民聚集的场所，去孤独中避难。尼采认为，创造力是人们与生俱来的一种潜力，但是，大部分人都不愿意去挖掘，不仅是因为懒惰，也因为创造如同沉重的镣铐，一旦戴上，安全感、欢愉、荣光等让人获得心理满足的事物就会随之离去，唯有孤寂与其相伴。而任何一颗平庸的灵魂，它的内涵都不值得他人花费心思去理解，因此，也就无法体会真正的孤独。

相反地，真正富有创造力的思想会让人对人生和世界产生独特的感受，拥有这种思想的人也因此渴望被他人理解。然而，这种深邃的思想是不容易为他人所理解的，于是，拥有这种思想的人只能深深陷入孤独的拥抱中。在人类的世界里，最孤独的心灵总是蕴藏着最热烈的爱意：尼采热爱人生，不知疲倦地探索着人生的真谛，即使同伴渐渐掉队只剩下他一人，也仍然在攀登真理的巅峰。正如尼采认为：所谓无聊，是一颗空虚的灵魂寻求消遣而未能如愿，这是喜剧性的；寂寞是一颗热烈的灵魂为寻求人间的温暖而不可得，这是中性的。但是，它们经常被人们混为一谈，甚至冠以孤独无聊之名。

幸福到底是什么

亚里士多德在《尼各马可伦理学》一书中写道："幸福存在于闲暇中，我们为了闲暇而忙碌，为了和平而战斗。"

在亚里士多德看来，就外在形式而言，幸福的生活其实就是一种适中的生活。人的行为可以划分为三个状态，即过度、适中和不及。无论是过度，还是不及，于人生都是无益的，都不能让人幸福地生活下去。例如，真正的勇敢都是适中的，一旦勇敢超过了某个限度就成为莽撞，一旦不够勇敢又沦为懦弱。

亚里士多德又指出，就内在方面而言，幸福其实是自足，也就是无所欠缺。所谓真正的幸福是自足的，也就是说除了诉诸幸福这种活动之外，人们不作贪求，并且不以任何别的事物或人等外在因素作为实现幸福的前提条件；相反地，如果以物质财富等外在因素作为实现幸福的前提条件，那么，这种幸福就是不真实、不自足的。倘若幸福以任何外在事物为前提，这就意味着人们得到了该事物就获得了幸福，失去了该事物就失去了幸福，这样的幸福是完全不确定的。人若被外物所束缚，就会失去自由，也更别提幸福了。

因此，亚里士多德所说的"幸福存在于闲暇中"，也就是幸福存在于自由中。当一个人不求诸外物时，他的心灵是闲暇的，也是自由自在的。他的一言一行、一举一动全发乎本心，是为了自己而活。

亚里士多德也指出，"诸多幸福之中，思辨是最高等级的幸福"。也就是说，唯有思辨活动才与幸福的本性完全契合。这是因为思辨活动从头至尾都是自足的，它只为了个体的自身而存在，从不依赖于别人。更何况，这种源自思辨活动的快乐是最持久、最稳定的，它不像任何其他形式的快乐那样，会随着外部环境变化而变化。而思辨是稳定不变的，除了思辨活动之外，思辨者不存在其他需求。这种哲学性的思辨是最持久、最纯净的，而思辨者也能从中获得最持久、最纯净的快乐。

亚里士多德对哲学满怀着热爱，因此，从哲学的角度思考着幸福的内涵。也许，我们未必能体会思辨的快乐，但他关于幸福的思考告诉我们，不论在我们看来幸福究竟是什么，不同的人对于幸福有何不同的见解，这个前提条件却是永恒存在的：拥有适中与自由，才拥有幸福。

幸福，是人类的终点

说起幸福，它几乎是人类一切活动的最终目的。那么，幸福究竟是什么？

在古希腊时期，人们对幸福持有两种对立的观点：有的人认为，只要在财富、权势、地位等物质方面获得了满足，就拥有了真正的幸福；还有的人则对这些物质欲望充满鄙夷，主张人们完全忘掉它们，过苦行僧一般的修道生活，摆脱所有欲望，精神上才能获得最终解脱，才能拥有真正的幸福。

然而，亚里士多德并不赞同这两种观点。在他看来，前者过于追求物质欲望，后者则矫枉过正。他指出，幸福的本质就是善行。一个生命不断成熟与完善的过程就是善行。另外，充足的物质基础也可以为幸福锦上添花，比如良好的出身、较好的容貌、顺遂的命运、三五个良师益友，都会为一段幸福人生加分。

对于品德高尚的人来说，在他短暂的一生里，哪怕是在遭遇厄运的时候，也总能收获幸福。在苦难当中，高贵的灵魂饱受磨炼，这本身就是一种幸福。另外，以善行作为自己行事准则的人是绝不会不幸的，因为这类人永远不会"做任何卑鄙无耻之事"。按照亚里士多德的观点，唯有始终遵循善的准则行事，一生都享有健康、财富与友谊的人，才能称之为完全幸福的人。

在亚里士多德看来，在短暂的一生里，人们最终的目的就是让自己在感性和理性上都能得到满足，这是永恒的目的。也就是说，当人们处于不满足的状态下，总是寻求某种补偿，比如在生病时视健康为幸福，贫穷时视财富为幸福，幸福正是由这些自我满足的目的构成的。

第六章

哲学这样看生命

灵魂是不朽的

苏格拉底在临死之前对灵魂不朽展开了最后一次论证:"灵魂碰到了死,它也不会因为死而灭亡。当灵魂碰到死的时候,它只会选择回避死亡,因此,灵魂是不死的,不死的灵魂也是不朽的。"

在苏格拉底看来,所有能保存、有助益的是善;所有能毁灭、能破坏的是恶。任何一件事物都有善与恶两种特性,它们会因为本质上固有的恶而最终灭亡,比如身体疾病、水果腐烂、树木枯朽等。如果事物固有的这种恶不能最终破坏或毁灭它,就再也没有东西能将其毁灭。因为存在于善与恶之间的"中",即不善也不恶,是不会毁灭任何事物的。心灵的恶有很多种,比如不克制、软弱、无知、不公正等,但它们之中的任何一个都不足以让心灵受到创伤。

苏格拉底举了一个例子。如果一个人吃了一个腐烂的水果生病了,那只能说明他的身体不是因为水果而是被自己固有的恶,也就是疾病伤害的。对人来说,水果等食物的恶是外来的,它可能会引起身体疾病,但这种来自外界事物的恶并不能毁灭人的身体。因此,对于肉体的各种惩罚都是肉体的恶,它与灵魂的恶完全无关,是不可能毁灭灵魂的。古希腊的人们普遍认为,热病等疾病对肉体的惩罚最终都会让灵魂毁灭。苏格拉底认为这种观点是错误的,灵魂永远不会被来自外界的恶所毁灭。当时的人们认为,灵魂的恶是用来毁灭外部其他事物的,但是倘若外界事物固有的恶无法让灵魂灭亡,那么,原本试图用来毁灭其他事物灵魂的恶,既毁灭不了其他事物,也毁灭不了灵魂。如此一来,无论是固有的恶,还是外界的恶,都无法摧毁灵魂,灵魂肯定是永恒的、不朽的。

在确定了"灵魂不朽"这一观点后,苏格拉底又进一步指出,灵魂的不朽就决定了它的质量始终不变,既不会增加,也不会减少,既不会诞生,也不会灭亡。

正如苏格拉底所指出的:如果不朽的事物会增加,势必就会有事物成为不朽之物,这样一来,一切事物都可能成为不朽的,然而这种想法是为理性所不容的。

人生是一场"死亡练习"

纵观西方哲学史，柏拉图是第一个把死亡从宗教神话中抽离出来并赋予哲学思维的人，根据理念论有关两个世界的划分原则，柏拉图比较明确地把生与死区分开来。他在《斐多篇》等对话篇目中对生死问题进行了具体阐述。

首先，柏拉图以灵肉分离作为其阐述"灵魂不朽"的前提条件。柏拉图认为，在多变的现实世界中，人是由肉体与灵魂共同组成的复合体。在他看来，灵魂的运动就如同巧妙的合力，就好比两匹马同时拉一辆马车，其中一匹马性情温顺，另一匹马则性情暴躁，加之车夫的技术并不高超，因此，灵魂从天庭的悬崖边坠落人间，以人的肉体为依附，人因此获得了生命力。柏拉图指出，现象世界的物体是静止的，而"自动乃灵魂的本性"，当灵魂与肉体相结合，人随之诞生，肉体为灵魂提供五官感受，灵魂能让人运动并思考。

其次，柏拉图提出"灵魂不朽"的观点。他在《斐多篇》中通过苏格拉底在临死之前的一段话对"灵魂不朽"的观点进行了详细阐述。他认为，"活人也好，活的东西也好，都来源于死的东西"，这是对"灵魂不朽"的高度概括。接着，他还着重提出，人类学习的过程其实就是不断回忆起另一个生命体所拥有的知识。然而，柏拉图最后直接提出一个更简单明了的想法，甚至带有一些强迫性：真、善、美皆是永恒的，在人降生前，灵魂就直观地感受或领悟过它们，因此，灵魂与真、善、美一样，皆是永恒不朽的。在柏拉图看来，拉车的两匹马就犹如人类的理性与感性，柏拉图通过灵魂生动地刻画了人性。

最后，在柏拉图看来，对哲学家来说，他们的日常生活就是一场"死亡练习"，这也是柏拉图死亡学说的核心内容，鲜明地反映了他的人生价值观。柏拉图指出，灵魂拥有一定的自由，一方面处于神灵的监管之下，另一方面却有权选择向善或向恶。可见，现象世界中的色相、权势、财富时刻诱惑着灵魂；灵魂时刻回忆来自理念世界的真、善、美，竭力在种种诱惑面前保持着冷静与克制，从而避免陷入罪恶的深潭。因此，灵魂若试图早日摆脱痛苦的深渊，重返真、善、美的理念世界，就必须先彻底拒绝现象世界的各种诱惑，约束本能，每时每刻都将理念世界的种种景象在心头回放。只有这样，当肉体最终死去时，灵魂才能重回理念世界。在柏拉图看来，进行哲学学习是回忆理念世界的最佳途径，因此，对哲学家来说，他们的生活无异于"死亡练习"。

柏拉图在《斐多篇》里写道：人若想免除对于自己灵魂将来命运的种种忧虑，唯一的办法就是在生前抛弃肉体的欢愉，对于他所追求的事物而言，这些外在事物弊大于利。把一生奉献给知识并乐在其中，只有这样，他的灵魂之美就不是从他处借来的，而是拥有的自身的美。这样的灵魂必然是善良、克制、自由的，他也能在另一个世界自由地遨游。

何以安顿心灵

面对人生终点，我们为何会惶恐不安？早在数千年前，伊壁鸠鲁就针对这个问题给出了答案：第一，天象不朽观；第二，死亡观。

伊壁鸠鲁指出，无穷无尽的原子构成了天象，因此，天象并非是不朽的。日升月降、昼夜交替、寒来暑往，人们从这些自然现象中感受到了天象不朽的神圣性，进而联想到人的生命是如此短暂易逝，因此对永恒的天象产生了恐慌，灵魂也陷入惶惶不安之中。于是，伊壁鸠鲁将他的原子论哲学融入人生哲学中，就是想告诉人们：偌大的宇宙中，一切事物都不是永恒不灭的，换言之，世界最终走向毁灭。

伊壁鸠鲁认为，当人们不了解自己面对的对象时，恐惧也就随之产生了。因此，他告诫人们，一定要在日常生活中培养理性的思维，学会慎之又慎地推理，明确地辨析个中缘由，这就是安顿人们心灵的最佳方式。他尝试告诉人们用理性来分析死亡，但不要因为如影随形的"非理性的死亡预感"而惶恐不安。一般情况下，每个人面对死亡时都会感受到一种难以言说的恐惧感，在伊壁鸠鲁看来，这种恐惧正是产生于人类对于不朽的欲望。他认为，既然天象都会走向毁灭，那么，人类走向死亡也是顺其自然的。因此，身而为人，应该"不谈死亡，并习惯于相信死亡与我们无关"。只有正确地认识这一点，我们才能愉快地接纳以死亡为固有属性之一的生命。要达到这种境界，并不是要依靠生命无尽地延续，而是要不朽欲望的逐渐消失。唯有如此，人们才不会终日生活在死亡的阴云密布下。

为了阐述这一哲学观点，伊壁鸠鲁试图直接告诉人们怎么应对终将到来的死亡："当我们活着时，死亡尚未降临；死亡来临之际，我们已然不再存在。因此，死亡于生者或死者而言，都是毫无关系的。"死亡在某个地点等待着我们，但它尚未来临，并不值得恐惧。可见，让人们害怕的是未来的死亡，在他看来，害怕某个并不存在的东西是荒诞不经的。

基于对死亡的看法，伊壁鸠鲁又从中引申出了一个重要的人生理论：就本质而言，生命不是善的，也不是恶的，它只是自然的。他之所以提出这一观点，目的是抨击当下流行的一种情绪，那就是人活着是如此痛苦，而死亡是不可避免的人生终点，既然如此，最好的办法就是不要降临在人世间，这样才能避免一切烦恼。伊壁鸠鲁质问持有这种观点的人们："既然他们真的相信这种观念，为何不放弃自己的生命呢？"可见，伊壁鸠鲁讨论死亡的目的是鼓励人们追求快乐的人生，也是为了反击这种消极厌世的情绪。他认为，人们不应该厌恶生命，也不应该恐惧死亡，这是因为"好生好死都是一种优良的教养"。

对于死亡，伊壁鸠鲁的态度是如此豁达。他劝告世人，从理性的角度出发，消除对死亡的恐惧感，换个角度来看，其实他是在竭力劝告人们不要将人生白白浪费在追求那些终究难圆的梦想上。但是，从人类诞生起，死亡就如影随形，而死亡又从反面佐证着人类的存在。

让活着更加深刻

关于存在本身，海德格尔无意探求，而是致力于探寻存在的意义。时间性总是与生和死有着微妙的联系，在《存在与时间》第二篇探讨时间性时，海德格尔专门花费了一章的篇幅来探讨死亡。因为，海德格尔对时间的认识与传统时间观有区别，所以，他的生死观也超越了传统生死观。

海德格尔认为，就传统哲学而言，自亚里士多德，都以现在这一时间维度作为阐述存在的标准，然而，"现在"其实只是时间上的一个向度，以现在作为出发点来阐述时间，时间就被物化了，成为一种永恒的存在。只有处于这种传统时间观念的背景之下，近代主体形而上学才能行得通。在康德那里，时间被作为一种先天形式，事实上，指的就是现在的时间：以现在为核心，以一种机械的方式将时间划分为过去、现在和将来。正所谓"逝者如斯夫，不舍昼夜"，时间维度上的每一时、每一刻，都只因计时单位不同而不同，它们的本质并无区别。

海德格尔从存在的基本形式出发，划分出三种时间性概念：过去、现在和未来。然而，它们不同于传统的时间概念。海德格尔所强调的"此在"是一种可能性，"此在需要某种能自身存在的见证，用来见证此在根据可能性而言已经是这种能自身存在"，也就是说，这里谈到的"此在"是一种可能性的存在，而它的最终归宿是死亡。海德格尔认为，"先行于己"才能直面死亡、领悟死亡，才能回归本己的曾经存在。显而易见，只有这种"此在"曾经存在，才能在未来重返归途，换言之，"此在"必须先融于世界，沉沦于世界，才能真正回归本己。

在海德格尔看来，"此在"是真正的存在者，被抛入时间，领悟死亡。首先，人生本就是一个让可能性不断实现的过程，在没有实现这种可能性之前，人都是不完整的。对于生而言，死是一种"悬欠"，和其他多种可能性一样，都等待着生将它终结。如此，人的生存正是无数种可能性的徐徐展开。其次，死无法超越，是命中注定的归途。人的有限性就是由这种绝对的可能性体现的，而人的有限性也确保了"此在"的自我性和特殊性都是无法消除的。再次，人的生命过程就是"向死而生"，从出生之日起，人的结局早已注定，就是死亡。在不断走向死亡的过程中，人生存着。这些话语看似简单，背后却蕴含着深刻的内涵，那就是人必须以死亡为出发点，筹划自己的人生，怀着对死的敬畏让生更加深刻。就像海德格尔说的那样："此在本身会产生一种持续不断的威胁，而'生'的意义在于直面这种威胁，栖身于这种威胁之中，并不断淡化或消弭这种威胁对'生'的影响。"

人的一生是不断迈向死亡的一生，生而为人，可以不惧死亡，但不能无视死亡。正视死亡的过程，也让生存的勇气与智慧得以彰显。"向死而生"让生存更完整、深刻而高远。

比生命延续更重要的是思想的传承

生与死，是人生历程的起点与终点。漫漫人生就如一条不归之路，唯有真正领悟生命的真谛，才能坦然地面对无处不在的死亡阴影。

《庄子》始终探讨着一个人类永恒面对的问题，即生与死。庄子有很多关于生死的故事，其中大家最耳熟能详的就是他在夫人去世时鼓盆而歌。正如《庄子·内篇·大宗师》篇里，"古之真人，不知说生，不知恶死"，意思是古代那些真正领悟生命真谛的人们，并不觉得拥有生命有何可喜之处，也并不觉得死亡降临时有何可怕之处。

面对生死，君子的态度始终不会刻意，全然不担忧自己从何而来，又要去往何方。在这些人看来，生也好，死也罢，不过是生命形态的一种变化。庄子倡导的这种对待生死的态度看似洒脱，然而，如果要贯穿一个人生命的整个过程，实属不易。

面对死亡，庄子采取了豁达的态度，这是因为他顺应生命，既然古往今来谁都难逃一死，那么，死亡又有何可怕、有何可悲呢？在《庄子·内篇·大宗师》里，庄子讲述了这样一个故事。

有三位方外之人，他们分别是孟子反、子桑户、子琴张。这三人惺惺相惜、心意相通，将生死置之度外，三人结伴度日，成为生死之交。后来，子桑户最先死了。孔子闻讯，专程派学生子贡帮助料理后事。子贡到了那里，只见孟子反和子琴张二人席地而坐，一人抚琴，一人编着挽歌，对着子桑户的尸体唱着歌。歌声时而低沉，时而高亢："子桑户啊，子桑户啊，现在你已回归本真，我们还寄居在人世间。"

子贡听罢，心中大惑，问道："你们三人情同手足，如今子桑户先走了，你们还有兴致对着他的尸体唱歌，这合乎礼法吗？"然而，孟子反和子琴张却笑着说："你根本不懂'礼'的真意啊！"

子贡回到孔子身边，问他的老师："他们这么做，究竟是出于什么心思啊？"

孔子听罢，说："他们一心在世外遨游，我却一心拘泥于世内，我不应该派你去料理丧事啊！是我学识浅薄了。面对生和死，他们这些人早已没有边界，他们追求的是心神在天地之间自由遨游。对他们来说，身体这具外在的形骸已不重要。因此，一个朋友去世了，其他两人心中坦然，就像送他去远行一样。"

庄子讲这个故事，是为了告诉人们一个道理，那就是在生命的历程中，每个人都能以各不相同的形态存在下去。

在《庄子·内篇·大宗师》里，庄子还讲了一个故事。

子来生病了，命不久矣。子犁去看他，只见子来的妻儿围在他身侧，痛哭流涕。于是，子犁上前对他们说："你们让开一下，不要惊扰到一个马上要大变化的人。"接着，子犁对子来说："上苍接下来会让你变成什么呢？是虫子呢，还是老鼠呢？"子来听罢，长吁一口气，说："夫大块载我以形，劳我以生，佚我以老，息我以死。"庄子借子来之口，用短短四句话道出了短暂的生命历程：天地造化之间，塑造了我的生命，赋予了我的形态。初来人世，就要让这个生命融入社会，经历人生，因此，"劳我以生"。纵观人的一生，往往要历经磨难，没有人不受劳苦。垂垂老矣，终于可以悠闲地安享晚年。然而，晚年的时光是短暂的，每个人最后的安顿是"息我以死"，只有死亡能带给人们最长久的休息。

子犁说完这番话，子来安静地睡去了。没想到一觉醒来，却觉得浑身清透，大病痊愈了。其实，这是庄子讲的一则预言，他以此来告诉人们：当一个人从内心深处将生命视为一场穿越的时候，死亡在他内心里也许就成了生的延续，死亡就被超越了。

在《庄子·内篇·养生主》里，庄子还说过一番话："指穷于为薪,火传也,不知其尽也。"说的是,油脂在柴火上熊熊燃烧,油脂烧完了,柴火也燃尽了,然而,火却可以继续传下去,无穷无尽。庄子意在说明,人的身体和生命都是可以消耗尽的,然而,人的思想却是可以代代相传的。在庄子看来,比起生命的延续,思想的传承更重要。

第七章

哲学这样看教育

古希腊先贤的教育理念

教育是亚里士多德在《政治学》一书里反复探讨的问题，那么，谁是教育的对象？亚里士多德给出了明确的答案，即教育的对象应该是全体民众。

根据伯里克利的规定，成为雅典公民必须具备三个条件：第一，必须是男性；第二，他的父母是雅典公民；第三，他必须是自由的，有身份证明。伯里克利之所以对公民资格进行了规定，主要就是为了让民众享有受教育权和参与政治的权利，促使民众积极地参与到城邦的建设中来。伯里克利早就清醒地意识到，这些自由公民应该是构成希腊城邦社会的核心，他们必须要积极地参与到城邦的各项公共事务中来。他规定，在7—18岁，男性公民必须接受优良的城邦教育，他的父母要尽可能地培养他，让他日后能执行城邦的各项法律。事实上，城邦的智者们甚至亲自对公民实施全面且直接的教育，掀起了公民教育的高潮。苏格拉底利用辩论法，积极促进公民认识自己，从而逐渐在公民之间深化教育；除此之外，苏格拉底还亲力亲为，用他勇敢、克制、聪慧等极具魅力的人格乃至自己的死亡来引发包括柏拉图在内的雅典公民的种种深思。

纵观古希腊历史，柏拉图首次将教育的理论体系化，《理想国》就是他思想的精华。亚里士多德作为柏拉图的弟子，在这方面沿袭了柏拉图的理念。在亚里士多德看来，自然的所作所为都是有目的的，因此，政治也是有用的，《政治学》的主要功效是帮助人们辨别出政治生活中那些按照自然本意运作的层面，将政治生活中那些对自然目的造成阻碍的层面剔除出去，或是进行修正。自然一直竭力在那个与自己对立的世界里实现自然本身，而亚里士多德则在《政治学》里苦思冥想如何才能达到臻于完美的境界。

在柏拉图的哲学体系里，他最关注的就是共和国，即理想城邦。公民的概念在柏拉图的学说里占据着很重要的地位，但也只是因为他将其视为实现理想国的唯一手段，公民个体其实是不值一提的。与柏拉图不同，亚里士多德对公民的看法要纯粹得多，他面对的是一个独立于城邦而存在的个体公民，他所推崇的公民教育的目的就是努力地培养和完善每个城邦公民的人格。

在具体的实践中，亚里士多德也竭力贯彻着他的教育思想。他在雅典创建了一个学园，即吕克昂学园，并亲自制定了一系列近乎严苛的规章进行管理。比如每隔30天就召开一次例会，高年级的学生要一对一地培训新生的礼仪等，由学生轮流担任组长，教师组织学生参与祭祀、打扫等各种事务，等等。

亚里士多德在具体的教学环节坚持因材施教的原则。他有两套教学理论，白天上课时给学生教授各种深刻的、具有思辨性的哲学问题，比如物质生灭论、形而上学、辩证法等；晚上上课时则面向大众，为他们普及各种实用的、通俗的学说，比如演讲、辩论、修辞等。在教学过程中，他主张根据教授对象的不同而采用不同的教授方法，根据授课对象的习惯与兴趣对授课的内容进行相应的调整。比如说，面对幼儿时，尤其应该强调发展他们的体魄，主要进行体育教育；面对青少年时，尤其应该强调培养他们的条理性和规则意识，并适当教授一些修辞、文学、诗歌、伦理学、哲学、政治学、音乐、算数、几何等学科作为辅助；面对成年人时，要以培养合格的城邦公民为教学目标，要尽可能地提升公民的理性认识。亚里士多德尤其重视练习、实践在教化中的作用，这在音乐教学时表现得很明显。他经常安排孩子们登台表演，锻炼他们站在舞台上的勇气，塑造他们勇敢的个性，使他们通过展示自己的才能和表现力，获得成就感和自豪感。

音乐教育是最直接的心灵对话

在亚里士多德看来，在众多的教育形式之中当属音乐教育最重要，因为它是最直接的心灵对话模式，可以发掘出个体所体验到的最实际的意义。音乐其实也是一种语言，包含着节奏与调式，人们通过耳朵聆听音乐让心灵感悟世界，这种美妙动听的音乐能唤起聆听者心灵上的共鸣。

亚里士多德认为，音乐的价值在于能够给人们带来一种闲适感。在亚里士多德所处的时代，有三种主流观念说明了音乐的主要作用：第一，音乐可以丰富人们的精神生活；第二，音乐可以陶冶人们的德行，培养一种积极向上的心态；第三，音乐能让人享受难得的闲适与安宁，提高实践能力。而在亚里士多德看来，这三种说法都有一定的道理，但又有失偏颇，对音乐最正确的看法应该是将三者综合起来。音乐的目的也可以分为三种，即教育、净化和精神享受，不同的音乐类别其功效也有所不同。有的哲学家对音乐类别进行了更细致的分类，如伦理的乐调、实践或行动的乐调、狂热的乐调，每一种乐调都有不同于其他乐调的特质，可以适用于不同的场合。

亚里士多德指出，任何一种音乐都可以通过极富节奏的表现形式给人们带来丰富的艺术体验和情感表达。音乐不仅陶冶人们的性情，而且提高人们的德行修养。音乐的乐调在传递情感和表达思想方面起着关键作用。利用音乐可以营造出不同的氛围，但要格外注意对节奏与调式加以区分。就节奏而言，有的舒缓，有的紧凑，有的轻快，有的悠扬；就调式而言，有的激荡，有的和谐，有的哀伤，有的愉快。音乐亦有高雅与低俗之分，一方面是因为曲目的调式与节奏等不尽相同，另一方面是不同的演奏者对乐曲的把握能力也不同。针对这样的情况，在音乐教育过程中要让音乐的节奏和旋律感染人们的心灵，让音乐与心灵水乳交融，让心灵在音乐中浸润滋养。正如亚里士多德所说的，音乐里潜藏着一种理性因素，它可以以一种理性的方式滋养、陶冶我们的情操。音乐本身的性质就决定了音乐教育既是一种娱乐，又是一种学习，施教者必须鼓励受教者积极地接受来自音乐的熏陶，并渗透到自己的思想中。

　　亚里士多德还格外强调音乐的节奏与调式会影响人们的情绪。音乐总是能借助各种节奏与调式来模拟激进与克制、愤怒与平静等截然不同的情绪，效果尤其突出，几乎与在真实情境下流露出的情感如出一辙。基于音乐有着不同的节奏与调式，施教者要根据不同的教授对象、场地、目的、情景等选择与之相应的音乐。

　　此外，亚里士多德还提出音乐教育必须要遵循一定的标准，那就是不能一味追求比赛而在技艺上刻苦训练，也不能一味追求高超的表演艺术，这些都不是行之有效的教育方法。好的音乐教育应该确保受教者能够欣赏并领悟音乐的精妙。可见，他是反对只专注于音乐教育的技艺培训，这种以比赛为最终目的的教育并非为了提高人们的德行修养，而是为了取悦听众，从而获得一种庸俗的满足感。在他看来，这种表演者在道德上是低劣的，他们所追求的目标也偏失了方向，他们只为迎合听众的喜好，降低了音乐的艺术品质，失去了音乐本身的魅力。

教育不应该以功利为目的

在普鲁士，国家政治与教育息息相关，因此，国家内部也建立起了一套完整的教育体系：教育完全处于国家的管理之下，所有教师在上岗之前都必须经过近乎严苛的挑选与训练，其最终目的是为国家培养忠诚、有文化、有技术的合格公民。国家也早就规定了教育的目的，那就是培养效忠国家的公民，他们依靠技术为国家服务。当时，为了满足国家工业化持续发展的需求，国家鼓励创办成人业余培训班和职业学校，这样就能培养更多满足国家工业化发展需求的技术工人。当时的许多思想家也支持将推动国家复兴与教育密切联系在一起。

当时，黑格尔在柏林大学任教，他明确表示支持教育改革,并希望通过这次改革将普鲁士从失败的泥沼中拉出来。1829年,黑格尔出任柏林大学校长,他积极配合政府,促进教育国家化。他希望借助政府的巨额投资推动教育,尤其是推动大学教育的发展,而教育的发展反过来又会推动整个社会的进步。他致力于将柏林大学打造成普鲁士的政治、哲学、科学中心。

尼采认为,现代教育最大的弊病就是扼杀人的本能与个性。现代教育对科学进行了严格的划分,教育者只精通极狭窄领域的专门知识,学生也只能学习某项专业技能。正如尼采所说,相比之下,文化的虚无比文化的自负、片面更令人痛苦;我们的大学正是让人的本能逐渐退化的工厂。这是他对德国高等教育发出的犀利嘲讽,在他看来,这根本算不上高等教育:大量的受教育者,少量的教学课时,以功利主义为目的,参与当下的生存竞争,绝不能提高受教育者的文化水平,而只会让他们成为温顺的、满足于现状的"合格"公民。要达到这种生活水平,他们只要掌握某一门专业知识或某项专业技能就足够了。

相比之下,尼采更推崇古希腊的教育模式,也就是个别式教育:每个教育者只专注于教育门下少数几个学生,根据每个学生的天赋和实际情况因材施教。他写道,现代教育机构的目的就是促使每个人都成为通用型人才,以教育为手段,让每个人从现有的知识范畴和技术领域里获得最大收益,随之而来的还有所谓的幸福感。

现代教育更多地是关注科学，而非人生，它竭力培养着学生为科学献身的精神。这样一来，即使学生掌握了不少知识，身体也会在这个过程中不断衰竭。人如果缺乏创新意识和对生活的热爱，就会沦为学习与工作的机器，在功利主义的影响下，人生也逐渐失去了意义。究竟是什么导致了这种社会怪相呢？在尼采看来，科学是始作俑者。"科学这种反人性的抽象物成了学者的教育者，而学者也因此变得古怪。"当时，人们都在为科学获得的巨大成就而欢欣鼓舞，尼采却一针见血地指出科学的非人性化弊端重重，这种言论在他那个时代是如此的不合时宜，但他的远见卓识使他的思想成为日后存在主义与后现代主义的基石。

充分发掘人的自然本性和生命力

尼采针对教育的目标发表了一番精彩的言论，教育就是解放，就是释放光和热。在他看来，教育的目的就是释放人的生命力，让人趋于完满。他还指出了教育应该遵循的两项原则：第一，要发掘学生的天赋，并进行重点培养；第二，注重保护学生的各种能力，让它们和谐相处、共同发展。

在卢梭自然主义教育观的影响下，尼采进一步提出，教育不应该干扰或破坏人的自然状态，而是应该充分发掘人自然之本性。他认为，人与人之间的差别是与生俱来的，不同人的生命力也有强弱之分。因此尼采所说的自然状态就是充分发挥每个人的生命力。

在尼采看来，从苏格拉底开始，人类的教育并没有促使人们变得更加强大，而是让人们一步步坠入深渊，更加堕落。这种教育完全忽视了人类自然的生命力，企图用理性和宗教神性来压制并改造人的本性，这其实是在摧毁人的自然状态。

一个强健的体魄是生命力最直观的表现形式。尼采多次强调教育要注重学生的体育训练，让每个个体都能拥有一个健康的体格，因为这不仅是人在世间得以存在的根本，也是人的精神寄居地。此外，听、说、读、写也应该作为教育最基本的内容，以培养和发展学生的各项基本能力。

学校教育并不只是教授学生知识，还要通过教育培养学生研究万物的能力。随着教育的不断深入，培养学生的责任心也应该被放在越来越重要的位置。要教会他们带着批判精神投入到学习与工作中，要为他们灌输追求自由与创新的思想。自由乃是生命的第一原则，只有在教育中坚持这条原则，学校才会成为知识生生不息的沃土。在教育的过程中给学生灌输这种思想，他们的个人境界才能不断攀升，久而久之，学校将成为培养"超人"的摇篮。

他认为，德国的教育事业正徘徊在一个十字路口，要么通过改革重新振兴德国精神，要么回到腐朽、僵化的体制中，每个人都深陷蒙昧的泥沼中，不能认识自我。他说，自己内心秉持着这种德国精神，它彰显于德国的喜怒哀乐和德国教育改革之中，它亦彰显于德国哲学的严格与勇气之中。

在尼采看来，教育的最终目的是培养精神贵族，而这种贵族与社会地位上的贵族是截然不同的。精神贵族拥有着自由的意志，他们或许是达官显贵或富商巨贾，又或许是工人群众甚至贫民，但他们绝对是社会的希望。学校最崇高的使命就是让这种德国精神生生不息，代代相传。

感觉帮助我们认识世界

知识产生于人类的认识活动，反映了客观事实，是事物的本质属性及事物与事物之间的联系在人脑里留下的主观印象。要想把握知识的实质，就要先对知识媒体所承载的信息有一个全面的了解。

司各脱是中世纪后期唯名论的代表人物，同时也是苏格兰著名的经院哲学家、神学家。他知识渊博、才思敏捷，论证有力，被当时的人们称为灵巧博士。据说司各脱当年参加过一场大辩论，为了反驳他的观点，他的对手列举了多条论据。而司各脱在现场并没有做任何记录，仅靠自己的记忆力就重述了对手列举的所有论据，并对其逐一反驳。

司各脱认为感觉在认识的过程中发挥着重要作用，他写道，人类的一切认识都产生于感觉，人的理智如同一块"白板"，归根结底，任何理性的观念都产生于人们对于事物的感性认识。一旦感性材料及与之相关的感觉脱离开，人单靠理性是不可能产生认识的。感性可以与客观对象直接联系，有关客观事物的感觉经验也就由此产生。比如，人类可以通过视觉来观察万事万物，从而形成颜色、形状、运动等印象；人类还可以通过听觉听到各种声音，从而留下关于声音的印象，等等。

可见，司各脱认为认识的开端应该是感觉产生的印象，认识的初级阶段就是这种感性阶段。与此同时，司各脱也意识到了感觉印象有局限性。正如他所说，外部的感性世界在偶然间给感官留下了印象，这种印象是简单而混乱的。因此，人们通过感觉所了解到的只是偶然事物，难以洞悉其中的必然性。接着，他又进一步指出，在科学知识体系中，感觉经验是最低等级的，人们依靠感觉经验能了解事物是如何构成的，却不能了解事物的本质。

司各脱认为，认识的第二阶段就是要通过理性从错综复杂的感性材料中将一般性的概念抽象出来，并将其结合在一起成为命题。我们日常生活中有许多常见的概念，比如"部分"或"个别"、"大"或者"小"、"黑"或者"白"等都是经过理性抽象而来的结果。当这些抽象的概念通过理性形成之后，人们又可以将它们组合起来，于是得到了一些判断命题，比如"苏格拉底是白的"等。这些命题的各项之间存在着不一样的关系，但这种关系反映的是感性事物之间真实的关系，这种知识就已经成为了必然的知识。

司各脱举了一个例子，一个人把一根木棍插入水中，于是，这根直的木棍变弯了，这个人可能就会以为这根木棍在水中已经折断了。人们如果单靠感觉根本就不会知道事实究竟是怎样的，但理性告诉他们，当质地更硬的东西与质地更软的东西相互接触时，它们任何一方都不会折断。而这里的木棍质地比水更硬，因此，并不像视觉判断告诉我们的那样，这根棍子折断了。于是，理性就及时地纠正了视觉错误。

司各脱正是利用自己的哲学言论为哲学正名，让它从神学附属品的位置中得以彻底解脱，并为理性哲学的后续发展开辟了一片新天地。

知识是先天条件与后天经验的结合

近代哲学探讨的一大主题是人类的知识从何而来，知识究竟是与生俱来的，还是后天经验赋予的？理性知识更可靠，还是经验知识更可靠？当时，哲学家们都很关注上述问题，并对这些问题给出了不同的答案。根据不同的答案，当时的哲学界分成了两大流派，即唯理论和经验论，前者以欧洲大陆的哲学家为代表，后者以英国哲学家为代表。

英国哲学家洛克代表作是《人类理解论》。他在书中指出，人们刚出生时，他们的心灵犹如一张白纸，对任何事物均无印象。他对那些认为知识是与生俱来的哲学家提出了批判，并指出"他们所说的普遍统一，其实恰好证明了相反的观点，而无法证明观念是与生俱来的。试想，如果观念是天生的，就无须普遍统一，而是人们一生下来就不容置疑"。他还指出，包括数学或物理定理在内的很多普遍性公理，虽然是高度抽象和概括的，但是普遍适用的，如果没有任何感性经验作为基础，就不能从复杂多变的现象中概括出这些公理。天赋论者认为，人们从生下来就具有了关于上帝的观念，洛克却持相反观点，他认为那些无神论者不可能生来具有关于神的观念。由此可见，关于上帝的观念一定源于特定的文化。

那么，人类的知识从何而来呢？一般来说，一切抽象的知识都是从具象的经验中获得的。具体而言，知识的来源有两个：第一个是感觉，在各种外部事物的刺激下，人们产生了冷、热、酸、甜、苦、辣等各种感觉，这些感觉通过感官传递到人们的内心，产生了对外部事物的印象，这就是观念；第二个是反省，指的是人们有着丰富的心理活动，同时，人们还可以对心理活动进行反思或思考，由此产生各种观念，洛克将这些观念称为思想、信仰、知觉、认识、推理等。人类的一切知识都源于以上两种途径，前一种是外部经验，后一种是内部经验。

就构成方式而言，观念的构成也可以分为两种，即简单观念和复杂观念。简单观念是一切知识的基础，如冷、热、酸、甜等，不能再分解它们。这些简单观念都是在被感知对象的刺激下形成的，而非心灵制造出来的。几个简单观念结合在一起，就组成了复杂观念，比如动物、食物等。世界上有许许多多的简单观念，心灵可以把这些简单观念任意组合在一起，从而形成复杂观念。

人们对于事物的观念也可以分为两种，即第一性质和第二性质。第一性质指的是事物的大小、形状、数量、颜色等，事物本身就具有这些性质，它们是客观存在的，并会一直伴随着事物。比如说，一个具有一定大小的事物，它就占据着一定的空间，换言之，若是某件事物没有大小，它就不可能占据空间。因此，第一性质的存在与否并不取决于人们对它们的感受或认识。第二性质指的是事物的气味、声音、味道等，这些性质不能独立存在，与外部事物有关，也就是说，这些性质一旦与人们的感觉器官失去了联系，也就不存在了。比如说，声音是通过物体的振动产生的，一旦人类不再用耳朵去听，声音也就不存在了；同理，味道依赖于人们的味蕾而存在，一旦不再用舌头去品尝不同食物的味道，味道也就不存在了。

洛克是为了阐述知识是如何产生的，才对这两种性质进行区分。这说明，人们的第一性质的相关知识来自于客观事物，而第二性质的相关知识则来自人们的感知方式和认知方式，其中人们的主观因素发挥了很大作用。

洛克对知识来源的考察与我们的经验感受是相符的。比如说，一个婴儿如果不能接受来自人类的系统训练，就无法正常地长大成人，在狼群中长大的狼孩就佐证了这一点。狼孩从小与狼生活在一起，他没有学会人类的生活方式，而是学会了狼群的生活方式。这表明，复杂多变的后天经验对人的成长有着重大影响。

但是，光是有后天经验也是远远不够的，后天经验发挥作用还依赖于先天条件，而这些先天条件都是与生俱来的，而非来自于经验。比如说，一个初生儿不仅具备正常的生理条件，还具备先天的认知能力，即认识这个世界的能力。一开始，这种认知能力还潜藏着，但是，当它受到后天经验的刺激后就会突显。由此可见，无论是先天的认知能力，还是后天的经验，它们都不能独立存在，而是相辅相成一起构成人类的知识。如果没有经验，就不能激发人类的先天认知能力；如果没有先天的认知能力，就无法形成后天的经验。

学习和研究不能离开方法论

作为方法论的忠实拥趸者，笛卡尔认为，无论是学习还是研究，乃至于日常生活中微不足道的小事，都离不开方法论。就某种程度而言，方法论是判断人类社会发展进程的重要标尺。笛卡尔认为，普遍怀疑是方法论的开端。显然，人的良知是与生俱来的，但方法论并非如此，如若不然，人与人之间的分歧也不复存在。然而，方法究竟源于何处呢？在笛卡尔看来，哲学研究的最终目的就是探索并发明新的方法。值得强调的是，笛卡尔认为，方法不是像良知那样与生俱来的，我们必须在后天生活中不断摸索才能获得。

笛卡尔认为，所有人就其本质而言是平等的。这里谈到的平等，是以人类的本性为出发点的。正如笛卡尔所说，良知是世界上被分配得最公允的东西，因此，所有人都拥有足够的良知，即使某些人在别的事情上难以被满足，他也不可能希冀拥有比现在更多的良知。笛卡尔所指的良知就是天性或智慧。就天性而言，作为人类，我们的所有天性是与生俱来的；就智慧而言，每个人从降生之日起就拥有他应有的智慧，足以帮助他在这个世界上立足并生存下去。

更具体一点，我们不妨将笛卡尔所说的良知理解为"辨别真伪的天性"，也就是说，每个人都拥有生而为人的天性和同等的智慧，都拥有同质的良知用以辨别真伪。比如，有的人并非天生丽质，有的人生下来就残疾，然而，不论他们身体上有哪些或多或少的缺憾，他们都拥有着与其他人一样多的良知。换言之，在辨别真伪的能力方面，人们生而平等。正如笛卡尔说，人之所以区别于动物，正是因为理智与良知的存在。我相信，每个人身上都能完整地反映这一点。

然而，现实情况却与笛卡尔的说法有所出入，对此，要做何解释呢？笛卡尔认为，人与人之间有意见上的分歧，不是因为这群人比那群人更理智，而是因为人们的思想是由不同路径引导的。换言之，人们产生意见分歧的根源并不在于良知，而在于人们运用了不一样的方法。

同时，笛卡尔认为，方法并非与生俱来，而需要从后天生活的研究中获取。因此，我们要积极地探索适合自身的新方法。他说："我不愿再一次次地传授一个人人必须遵守的方法，以此来引导他们的理智，而只是示范给人们看，我是如何来引导我的理智的。"这段话反映了笛卡尔所倡导的方法论的主要观点，那就是不再致力于单向性的传授方法，而是注重引导人们寻找适合自己的方法。

正如笛卡尔所说，检验一切学科，即使那些学科充满虚伪或不科学，也是大有助益的，这样才能认识并了解它们的价值，不让自己误入歧途。基于这一观点，笛卡尔对传统的学校教育进行了一番大肆批评，之后，他又严厉地批评了包括历史学、文学、神学、理学、哲学在内的各个学科。他的结论是，如果任何学科是以并不确定的哲学作为基础的，那么，就其本质而言，它早已失去了科学性，难以令人信服，也不值得人们在上面耗费更多的时间和精力。

在笛卡尔看来，只有认识并掌握真正意义上的科学，人类才能获得真正的幸福生活。从某种意义上来说，笛卡尔的哲学追求就是致力于掌握真正的科学。那么，应该从哪里着手来掌握科学呢？笛卡尔反其道而行之，采取了不一样的策略。在他看来，掌握真正的科学并不能局限于单纯地学习那些早已建立起来的科学体系，而是要建立一套更完善、更合理的科学体系，这也是笛卡尔在学习中的方法论。

孔子和孟子的教育观

孔子的教育理念是不分高低贵贱，追求有教无类。

在孔子生活的那个年代，人们如果想参与社会政治活动并谋求一定的社会地位，就要掌握礼、乐、射、御、书、数"六艺"：要对当时各种礼仪驾轻就熟；要有音乐才能，善于演奏各种乐器，还要从中领悟音乐对道德教化的熏陶作用；要有良好的射箭技艺；要学会驾驭马车；要写得一手好字；要懂得算数。但是，寻常百姓家的孩子很难有机会学习，只有贵族家的孩子才能去学校求学。可见，春秋时期，学校教育是贵族享有的特权，学校根本不会向家境贫穷的孩子敞开大门。可是，年轻的学子却有着强烈的求知欲，他们渴望能找到一位贤良的老师，拜在他的门下。

鲁国的孔丘为百姓提供了一条求学的途径，他在政府的官学之外创办了私立学校，也就是当时的私学。只要年轻人有求学的志向，他都愿意收入门下，将"六艺"悉数传授给他们，为他们传道、授业、解惑。在求知若渴的情况下，很多青年学子投身孔子门下。

跟着孔子这样学识渊博的老师求学自然是一桩美事，但是大家有一个都很关心的问题，那就是拜在孔子门下需要交学费吗？事实上，孔子教学是收费的，但是学费很低。《论语·述而》记载道"自行束脩以上，吾未尝无诲焉"，其中的"脩"是肉干的意思，所谓束脩，指的是十条肉干。也就是说，孔子只要求学生主动献给他十条肉干，当作见面礼，他就会收其为徒。区区十条肉干，就可以投入中国最有名望的老师名下，这一点拜师礼实在是微不足道。教育往往能影响并决定人的一生，孔子将教育的门槛放得如此之低，就是为了实现"有教无类"的目的，让所有有志求学的人都有机会学习。难道孔子就真的喜欢吃肉干吗？事实上，孔子并没有将这十条肉干放在心上，他只是希望学生在拜师时要遵循一定的礼仪。"束脩"这一拜师礼其实是为了增强仪式感，让师生之间的情谊更加深厚，也让学生在日后求学的过程中态度更加端正。

虽然孔子办学的规模很大，他的教育事业也获得了后世极高的赞誉，但当时办学的条件却十分艰苦。孔子创办的是私学，学费低廉，也没有任何来自国家的财政拨款。按照孔子当时的身份来看，我们甚至可以说他是中国历史上首位民办教师。当时，他刚刚创办私学，就明确将有教无类作为他的教学宗旨，具体来说，不论高低贵贱，只要到了可以接受教育的年龄，孔子就为他们提供接受教育的机会。

最终孔子克服重重困难，培养了大批优秀弟子。根据《史记》的相关记载，他门下弟子有三千之众。当时，孔子周游列国，四海为家，人们随时随地都能投入他门下，他走到哪里，就在哪里给弟子上课。后世，历朝历代的帝王也都将孔子奉为万世师表。孔子甚至可以被称为中国历史上的"素王"，他既没有臣民，也没有土地，但是，只要文化代代相传，他就永远处于他人难以企及的地位。

作为最懂孔子的儒家"亚圣"，孟子的教育理念则是注重义理。

孟子在阅读和接受文学批评上有重要说法："不以文害辞，不以辞害志。以意逆志，是为得之。""颂其诗，读其书，不知其人，可乎？是以论其世也。"

在探求义理方面，孟子讲究层层深入的求学原则，他说过"博学而详说之，将以反说约也"，意思就是在求学的过程中，应该由简约入渊博，再由渊博入简约；由简单入繁复，再由繁复入简单；由谷底入云端，再由云端入谷底；由平淡婉约渐渐步入高亢激昂，再由高亢激昂回归到"放其心"的淡然状态，淡定自若地探寻其中奥妙。无论做人还是处世，为学还是为政，这都是孟子奉行的不二法则。

孟子在义理问题上格外执着、认真，也可以说，孟子从最初就在这方面定下了很高的基调。在他看来，求学的路径与人生的路径极为相似，二者在选择上都是多元化的。他反复谈及有关义理的一些具体问题，比如说，"富岁，子弟多赖（懒）；凶岁，子弟多暴"，就是他对年景更迭的形象概括；"七十者衣帛食肉，黎民不饥不寒，然而不王者，未之有也"和"五亩之宅，树之以桑，五十者可以衣帛矣"，则是他对理想中小康社会的形象描绘。

孟子的诸多观点都围绕着义理立论，无不关乎根本性的大是大非，无不关乎道德、仁义、民心、王权等，他高调而强势地分析这些宏观问题。至于那些并未达到原则性高度的具体事务，他则采取机动灵活的处理方式。在义理这个问题上，孟子呈现出鲜明的两面性：一方面擅长讨论大是大非的问题，另一方面又懂得随机应变。他的这套思维方式对2000多年后人们的思维方式、辩论方法仍有着巨大影响。然而，这种思维方式也是有利有弊的：有利的是可以快速抓住事物的主要矛盾，简明、快捷地解决问题，兼顾灵活性与原则性；有弊的是气胜过理，概念胜过本体，主体情致胜过调查取证。

第八章

哲学这样看艺术

孤独心灵的补偿

在叔本华看来,摆脱痛苦的唯一途径就是舍弃欲求,否定生命意志。他把解脱分为两种情况:永久性的和暂时性的。前者可以通过禁欲的办法实现,禁欲分为三步,即放弃性欲、习惯痛苦、绝食而亡;后者可以通过艺术审美这条捷径获得,也就是沉浸于艺术追求之中,短暂地忘却生命的意志。

在叔本华看来,我们可以沉浸于大自然之中,从而满足内心深处的艺术审美需求。在一片山呼海啸之中,我们更容易抛开一切欲求,只是宁静地、无动于衷地观赏着、体验着、感受着身处自然之中时个体的渺小。与此同时,叔本华写道:有一种直接的意识起而反抗我们的渺小,这是一种幽灵般的想法,反抗着种种虚假的可能性,让我们恍然大悟,原来这世界的一切只存在于我们的表象之中,只是作为纯粹认识的永恒主体所规定的一些特定形态而存在着……原来让我们感到渺小的世界，如今早已安顿于我们心间。这是一种人与宇宙合而为一的境界，如此一来，人非但没有被浩瀚无边的宇宙压低，反而被抬高了。叔本华将这种体验称为壮美感。

叔本华认为，人们正是通过这种艺术审美而进入物我两忘的天人之境，我们的认识才彻底摆脱了为意志服务的枷锁，从物欲横流里解脱出来。终于，我们的灵魂获得了片刻安宁，享受着这一份不掺杂欲念的、来自审美的喜悦。

在叔本华看来，即使是被情欲、贫穷所困扰的人，只要饱览一番大自然的壮丽景色，心中就会有一股力量油然而生。这时，情欲、恐惧等一切因为欲求而产生的痛苦都会逐渐平息。人们如同进入了另一个世界，在那里，平日里推动着我们意志的种种都不复存在。就这样，我们从欲望的牢笼中解脱，达到了一种忘我的心境，这也就是柏拉图、叔本华等哲学家反复强调的至善。

然而，通透如叔本华，他早已看透了人性之根本。他反复强调，芸芸众生中的大部分，也就是那些普通人，是根本无法从艺术的审美中获取片刻安宁与解脱的。唯有哲人与少数天才能从艺术这朵造物主的花儿中嗅到欲望之外的芬芳。对于大部分的普通人而言，他们一生都将受制于欲望，"最终心力交瘁，流浪于欲望的洪流之中，难以超脱"。

叔本华的意思一目了然：艺术的审美乃是少数天才手里的特权。为什么这么说呢？在叔本华看来，天才之所以区别于普通人，归根结底就在于天才有着超越常人的认知能力。天才拥有的直观的艺术审美能力，使他们能识破表象世界的种种虚幻，揭示宇宙之真理与人生之真谛。

在叔本华看来，天才一般都不懂人情事故。一位天才诗人虽然能够深刻理解人性，但这种理解往往局限于抽象或理论层面，但对于具体的人，诗人的认识并不够，容易受他人的影响，甚至可能成为别人手中的玩具。

可见，天才们总是容易饱受孤独与寂寞，而从艺术审美中获得的喜悦可谓是一种补偿，只是这难得的片刻宁静亦是如此短暂。

美学不仅是艺术哲学

按照西方知识谱系，美学其实是哲学下面的一个分支。有关"美究竟是什么"的哲学命题可以一直追溯至古希腊时期，早在柏拉图和亚里士多德所处的时代，人们就开始直接讨论有关美学的理论问题，比如音乐的本质和戏剧的社会心理功能等问题，此后，各个时期人们对艺术的探讨也精彩纷呈。但是，一直到近代社会，人们才开始普遍认为美学应该是哲学知识谱系里的一个重要部分，应该是哲学家进行理论探讨的重要领域。

美学的开山鼻祖、德国哲学家鲍姆嘉登提出了一个有趣的设想:"人类的智力、情感和意识是三种最基本的心理要素,其中逻辑学致力于研究理性智慧,伦理学致力于研究理性意志,唯有情感这一方面仍然是哲学研究的一大缺憾。"因此,鲍姆嘉登提出,应该建立一个新的哲学分支,以便对人类的情感进行专门研究,这就是后来的美学,并以"Aesthetics"来命名,就字面意思而言是感性学。

黑格尔在美学方面进行的一系列探讨与鲍姆嘉登的思想一脉相承。但是,有一点需要注意,那就是黑格尔给美学下的定义与鲍姆嘉登截然不同,他认为美学其实是艺术哲学。他在《美学》第一卷的开篇写道:在我看来,这门学科的正式名称应该是"艺术哲学",也就是关于美的艺术的哲学。

很明显,感性的东西并不一定就是美,美也不一定能与艺术画上等号。那么,黑格尔为什么会将美学的范畴缩小,最终界定为"艺术哲学"呢?

在具体讨论艺术之前,黑格尔在《美学》第一卷先对自然之美进行了细致的考察。他在书中写道,人类与其他动植物的区别在于人是有自觉理性意识的。相比之下,植物和动物都是没有心灵的、低级的,从它们的角度而言,自然的一切事物根本无所谓美。倘若说大自然有美存在,那就是人们对其关照的结果。人类的心灵参与其中,这种浸透才产生了美。由此可见,在黑格尔看来,最典型的美学考察对象并不是大自然的事物。在这种理性主义的影响下,黑格尔最终选取了艺术作为人类最典型的审美对象，因为任何形式的艺术都是人类有意识创造出来的。具体而言，在人类世界各种各样的审美对象中，艺术品是人类有意识创造出来的一种精神文化成果，在美的方面发展得更全面，也更加适合哲学家用来表达自己的审美观念。

从今天的角度而言，将美学定义为"艺术哲学"肯定是有失偏颇的，因为艺术不过是美的一部分，更何况，很多艺术形式并不是为了追求美而创造的。人类最基本的审美形态有四种，即生活审美、艺术审美、自然审美和工艺审美，世界上也存在着四种与其相对应的审美对象，即生活美、艺术美、自然美和工艺美。可见，真正的美学应该囊括以上四种审美形态，而绝非专注于艺术美这一方面。很长时间里，西方美学都在黑格尔艺术哲学的影响下专注于艺术，在一定程度上影响了审美研究的发展。在考察艺术美之前，黑格尔也对自然美进行了一定程度的考察，但是，在他看来，自然美其实是不能独立存在的，因此，最终他所写的《美学》仍然以相当大的篇幅专注于探讨艺术。于是，我们更应该指出：作为一门科学，美学应该致力于研究人类的一切审美活动，人们精神生活的方方面面都应该包含于其中，成为美学所关注的对象，而不应该局限于艺术这一相对狭小的领域。

艺术乃神性之美

艺术是何物？美又是何物？

艺术是人类心灵的表现，它模拟着自然，抚慰着心灵，舒解着欲望，传达着理想。艺术是对自然的复写，充满着神性，也就是人类灵魂的深度。艺术作品之美，乃神性之美。神性是一种普遍价值，需要艺术家用作品来呈现，这也是其存在的最高价值。

"神性"（又称为神圣性）一词在黑格尔的《美学》一书中频频出现，并在他的美学思想中占据着相当重要的地位。在书中，黑格尔写道，"只有依靠这种自由性，美的艺术才成为真正的艺术，只有在它和宗教与哲学处于同一境界，成为认识和表现神圣性、人类最深刻的志趣以及心灵最深邃的真理的一种方式和手段时，艺术才算是尽了它最高的职责"。

艺术作品展现的是人的精神世界，因而，神性必须借以人的形象通过艺术化手段表现出来，这就在神与人之间架起了一座桥梁，使神性与人性统一。黑格尔在《美学》中使用了"情致"一词来说明神性与人性在艺术中具体的统一，我们不能说神有情致，神只是推动个人采取决定和行动的那种力量的普遍内容（意蕴），神本身却处在静穆和不动情的状态……所以我们应该把情致只限用于人的行动，把它理解为存在于人的自我中心而充塞渗透到全部心情的那种基本的理性的内容（意蕴）。可见，在艺术作品中，神成为人的情致，在具体的活动状态中，情致也就是人物的性格。具体到每个个体，他的心胸是广大的，因而，也同时具备着许多神，即情致。

基于此，黑格尔将艺术分为三类，这种归类概括性地说明了艺术是如何一步步地向着它的本质发展的。

第一类是象征艺术，也就是形式与内容尚未实现和谐统一的艺术。在黑格尔看来，内容乃艺术的阵地，它过于抽象，难以在艺术中表达出来。在他的心中，诸如狮身人面像等古埃及艺术作品，或古印度的艺术作品都属于这一范畴。他批评这些作品永远桎梏于一个恒久不变的范畴内，刻画着一成不变的事物，根本无法展现现实存在的动态本质。建筑也被归入这一类艺术。

第二类是以古希腊艺术为代表的古典艺术。黑格尔认为，这类艺术包含了更高程度上的个体性，是在艺术基础上的进步。对他来说，雕刻是古典艺术的典型，更是将索福克勒斯的悲剧视为典范。在他看来，悲剧的两大特征极大推动了艺术的发展：第一，悲剧角色虽然仍代表着某个类别，但已经个性化；第二，那些揭示人类历史的大型悲剧的故事情节微妙地刻画了人与人之间紧张的关系。

唯有第三类艺术——浪漫艺术充分体现了黑格尔有关艺术神性的观点，较之前两类艺术，它更完整地体现了主体性概念。

诸如莎士比亚的喜剧，由于其中的角色（比如哈姆雷特）展现出了更多的自我意识与自我反省，因此属于浪漫艺术的范畴。这类艺术致力于表达角色的内心世界，也就是角色如何意识到自我以及自我的处境，因此，这类艺术不再能用雕塑等三维形式来展现，而只能用音乐、绘画、文学等形式来表现。在黑格尔看来，这类真正意义上的艺术就是通过人物来体现一种在人类历史进程中向自我意识发展的精神。

建筑的艺术

在《美学》第二卷里，黑格尔以一种动态的形式对人类艺术漫长的历史发展形态进行了考察，将艺术划分为三种类型，即象征艺术、古典艺术、浪漫艺术。到了《美学》第三卷，黑格尔延续了第二卷中的历史性眼光：首先，他把各种类型的艺术分别归入象征、古典、浪漫这三大艺术类型之中；其次，他具体叙述了每一门类的艺术，又以动态的形式将每个门类的艺术发展历程归为象征、古典和浪漫三个阶段。

建筑是黑格尔探讨的第一种艺术。他为什么会优先讨论建筑呢？因为这符合历史与逻辑一脉相承的关系。在黑格尔看来，象征艺术是最早的艺术类型，而象征艺术的典型代表就是建筑。象征艺术就是将粗糙的外表与隐约的精神内涵融合在一起，象征着人类理念发展的初级阶段。黑格尔在《美学》第三卷上册写道：第一种是建筑。由事物本身决定的艺术类型就是建筑，艺术在初始阶段缺乏适宜的材料或形式去展现精神内涵，因此，只能在摸索中探寻合适的材料和形式。建筑是最早的艺术，而它使用的材料毫无精神性可言，而是遵循一定的规律来给特定的物质造型；它的形式是外在的、自然的，从而构成了平衡而对称的形体结构。这一作为整体的艺术品是精神上一种纯粹的外在反映。

黑格尔之所以会在各门各类的艺术中首选建筑来讨论，其实是基于一种历史的眼光，主要是想借助这种代表性的艺术形式来展现人类早期艺术的特点。黑格尔的哲学思想始终围绕着"人类精神的自我发展"，因此，他认为艺术的首要任务就是表达并呈现人类的精神内涵。艺术品的精神内涵与物质材料之间的比例变化就可以很好地鉴别艺术品各个发展阶段的不同特点。

在诸多艺术门类之中，建筑毫无疑问是最依赖物质材料的一种艺术形式。一般来说，建筑艺术经常使用那些笨重的砖块或木料作为物质材料，就其本质而言，这是一项长久的举重运动，必须长期克服地心引力。世界上所有非凡的建筑艺术品都要遵从物理规律，让那些巨大而笨重的物质材料在力的作用方面达到相对平衡。如果违背了物理规律，就不能达到力与力之间的平衡，最终，这些不安全的建筑物很可能是众多艺术中最不自由的一种，甚至可能危及人们的生命，更谈不上是艺术品了。在某种程度上，我们几乎可以说，比起尊重艺术创造的自由，建筑甚至更尊重物理规律。如果仍希望在此基础上探讨建筑的精神内涵，我们不妨说在精神与物质的比例上，建筑是众多艺术中精神因素所占比例最小、物质因素所占比例最大的一种。故而，黑格尔指出，建筑的精神性内涵是朦胧而模糊的，它是依靠巨大而直观的外在物质形式取胜的一类艺术。如果从精神与物质的关系和比例等方面来探讨艺术，我们必须承认，黑格尔在诸多艺术种类中选择建筑来优先讨论，并视其为典型的象征艺术不是没有道理的。

总体而言，黑格尔在解释各种艺术门类时遵循了历史优先原则，他之所以将建筑纳入象征艺术的范畴，就是要彰显这种艺术萌生于人类历史的初期阶段，是不成熟的。黑格尔认为，在众多艺术门类中，建筑对于外在的物质材料的依赖程度是最高的，也正是因为这样，人们将一些精神内涵寄托于建筑之上，但这种通过建筑呈现的精神内涵往往是模糊的、抽象的。这正说明黑格尔基于人类精神的自我发展观念所形成的建筑观大有见地。

理性主义原则

西方近代美学于18世纪真正形成，与此同时，笛卡尔的美学思想是近代美学的发端。

鲍桑葵所著的《美学史》写道："17世纪初以后，纵观所有欧洲国家，都没有一代人创造出真正富有美的内涵的作品，建筑、雕塑、金属工艺方面莫不如此。"在18世纪之前，美学方面的材料尚未完全。从严格意义上来说，笛卡尔不能被称为真正的美学家，因为他并没有留下任何美学专著。和同时代其他自由的思想家一样，他没有过多地关注美的现象，而是对诸如人的自由、人对世界的认识、上帝的性质等对人类生存有重要意义的问题予以高度关注。因此，他在美学方面的观点不成系统，有的甚至只是哲学研究过程中一闪而过的思维火花。然而，总体来说，笛卡尔的美学思想是对他哲学思想的一种传承，甚至是他哲学思想的翻版。

笛卡尔庞大的哲学体系包括很多领域，艺术也在其中。《探求真理的指导原则》是笛卡尔的早期作品，他在书的开篇就对科学和技艺进行了区分，他认为科学指的是数学和哲学，而政治、音乐、诗歌、修辞等则属于技艺范畴。他认为科学和技艺不能相提并论，"我们必须相信，科学之间密切联系着，比起把它们割裂开来，更便捷的途径是完整地学习它们"。在笛卡尔看来，科学乃是对全局的认识与把握，而技艺则只是"身体的特定运用与习惯"。然而，人们一旦领悟了科学的真谛，就会完全掌握普遍性的规则，从而掌握处理一切事物的规则，先验性地规定它们。由此可见，笛卡尔试图通过哲学或数学的手段来规范和指导艺术，从而在哲学或数学的基础上实现多元化统一。

　　随着笛卡尔哲学思想臻于完善，他所倡导的理性主义原则对艺术发挥着越来越大的作用，比如，他把快感一分为二，即感官上的快感和心灵上的快感，并把二者对立起来。在他看来，唯有理性的快感才是稳定、持久而纯粹的，只有通过了理性的检验，艺术才能达到真正统一、纯粹的境界，获得简洁、自然的和谐之美。笛卡尔认为，艺术应该遵循数学或物理学的规律，在几何的基础之上达到精准的境界。比如说，我们从音乐的乐谱之中就可以感受到数学那般精确的规则。由此可见，笛卡尔是以抽象的普遍性观念作为艺术的出发点的。

　　同时，笛卡尔也指出，美离不开人的感觉。所谓感觉，就是那些混乱而暧昧的观念。美能让人愉悦，然而，如果把美局限于感觉的范畴里，人们只能得到一时的快乐，而非真正意义上的科学。"如何让理性世界与感官世界趋于协调？""如何让愉悦的感受获得理性的本质？"在笛卡尔看来，必须以哲学的理性主义作为构建艺术的基础，同时，必须将艺术与那些虚无缥缈的感觉区分开来，让感觉成为一种稳定因素，在艺术中发挥作用。这正是包括笛卡尔在内的近代思想家致力解决的重要问题。

美在于主、客体之间的关系

笛卡尔一直试图将美学思想与他的理性主义基本原则融为一体。

在笛卡尔看来，美是主体与客体之间呈现出来的一种关系。"美也好，愉快也好，都只是客观对象与我们主观判断之间的关系；人与人之间的判断大相径庭，因此，我们不能说美与愉悦之间有某个确定的尺度。"这种关系包含两个方面：一方面是感官对事物的接受关系；另一方面是受感性事物的刺激而引发的各种观念。刺激会引发人们回忆起内心的某种观念，同一种刺激，因为引起回忆的观念不同，自然也就产生了不同的观念。因此，美既是相对的，也是主观的，由人的回忆、心理状态、经验等多种因素共同决定。一旦对象与人的回忆、心理状态和经验达成一种和谐的关系，并让感官从中获得快乐，美就诞生了。

可见，笛卡尔总是把美和愉悦联系在一起，既然愉悦，就多少会与感官有关。虽然我们心里也存在着这些观念，但是它们毕竟远不及与生俱来的观念那么清晰明确。可见，在笛卡尔心中，美的标准是相对化的，这样一来，美就成了人与人之间主观的感受，那么，在进行与美有关的交流时，人们要如何达成共识呢？在笛卡尔看来，这些感受只有与他的理性原则相符，才能称之为真正意义上的美。

"那些能让人产生愉悦的感性事物，既不是通过感官轻易获得的事物，也不是通过感官很难获得的事物。对于感官而言，不易得来的事物，使感官向往的自然欲望不能得到彻底满足；容易得来的，会让感官产生倦怠感，再也无法享受其中的乐趣。"在笛卡尔看来，主体与客体之间的关系就是美，这种关系是有度且和谐的。就客体而言，它不能太简单，毫无内涵，让人一眼看穿；也不能太复杂，让人产生倦怠。一方面，它能让人们产生舒适、愉悦的感受；另一方面，它还能激发人们的欲望，让人们产生兴趣。笛卡尔认为，只有符合以上条件的事物，才能让人们从中获得美感。

然而，一件东西并非只要满足了笛卡尔所说的上述条件，就能让人享受到美。原因在于，美与人的主观感受息息相关，尤其与当事人的生活经验有关。正所谓"甲之蜜糖，乙之砒霜"，笛卡尔指出，同一件事物，也许让这群人高兴地手舞足蹈，却让那群人潸然泪下，这取决于这件事刺激了我们记忆里的哪些往事。比如，有些人跟着乐曲跳舞取乐，当他们再听到类似的乐曲时，就会勾起跳舞的欲望；相反，如果有人当听到欢乐的乐曲时总会遭遇不幸的事情，那么，当他再听到类似的乐曲时，可能会黯然神伤。可见，笛卡尔将美视为一种心理现象，是人对外部环境的条件反射，然后，这种外在反映在人脑中通过习惯或记忆被加固，当再次受到外在的刺激时，人们几乎会作出本能反应。

对于同一事物，每个人有着不同的反应，那么，社会上主流的美学标准应该根据哪些人的反应来制定呢？包括笛卡尔在内的同时代的学者都将目光锁定在城市，尤其是宫廷。新古典主义的代表人物布瓦洛就这样劝告诗人："想认识城市，先研究宫廷。"在他们看来，宫廷乃至城市代表着当时社会最主流的文化，笛卡尔也认为，宫廷和城市的生活与其理性原则更趋于一致。

17世纪前后，上流社会的生活方式在贵族沙龙和凡尔赛宫殿里趋于成型，他们讲究附庸风雅的生活方式和豪华奢侈的排场。太阳王路易十四仪表堂堂、风度翩翩，在凡尔赛宫金碧辉煌的舞台上通过种种喜剧效果来巩固他的统治地位。在路易十四的时代，贵族精神达到巅峰，这些贵族"首先追逐高尚，他们出身显贵，感情也高尚；其次追求端正，他们是在注重礼仪的社会中产生的精英人物"，这种以上流社会生活方式为主要内容的主流文化或多或少地影响着笛卡尔的美学观念。

人为何有审美需求

我们很少能通过实证来把握审美的需求与体验，然而，人类审美的体验又是如此强烈。我们迫不及待地渴望着审美，于是，不得不设定一些概念，对这些主观事物进行指称。在马斯洛看来，为了对这些强烈的审美体验进行解释，我们有必要建立理论。

我们很容易从常识中收集各种零散的证据，力求证明有关审美需求假设的合理性。马斯洛指出，如果没有其他途径，那么，至少通过书目调查本身就足以证明这项研究的合理性。审美问题悬而未决，是当今那些心理学家必须要攻克的一大难题。

然而，不幸的是，问题依然存在，马斯洛只是提供了几条用于划分不同审美需求的标准以待以后讨论。

马斯洛认为，审美需求并不局限于"一种"，它并不仅是指某一种特定的冲动。其实，我们可以将审美冲动划分为若干种，其中的几种或所有的冲动可以认定是审美需要。

在大多数人看来，人的审美反应是不可言表的有意识的反应，是主观而自省的，也就是说，难以用言语描述它，唯有亲身经历才能有所了解。然而，马斯洛指出，人们还是普遍使用各种各样的词语来描述这种体验，比如，人们常常用心跳加快、全神贯注、畅快淋漓等语言来生动形象地形容审美感受。

在马斯洛看来，审美体验与心理学家提出的感官冲击或多或少有些相似。比如说，当一个人被冰凉的水浸泡着，他也会产生类似的生理和心理反应。但是，马斯洛也提出，目前，人们只是猜测存在这种相似性的可能性。

在日常生活中，人们基于审美体验会做出各种简单而平常的反应，比如，有的人热衷于收藏那些能陶冶情操的美好事物，如唱片、绘画作品、邮票等；又或者有的人会去博物馆或音乐会，欣赏种种美好的事物。总而言之，大多数人的审美体验局限于欣赏和鉴赏并从中获得愉悦与乐趣，这不能称之为真正的审美创造。

就理论与实践两个方面而言，审美鉴赏与审美创造是有明显区别的。批评家与那些满怀创造激情的艺术家之间永远对某些原则问题进行着无休无止的论战。马斯洛认为，在分析艺术创造活动的时候，有着多种分类和区分可以作为援引，但是，其中大部分与心理学方面的知识毫无瓜葛。只是其中有一种区别尤为重要，那就是表达性创造力与模仿性创造力之间的区别。

马斯洛指出，表达性创造力不一定具有交流性，也没那么容易被大众接受，但是，在心理治疗中却可以发挥积极的作用。比如，对于创作者以外的人来说，纯粹表达性的绘画可能有意义，也可能没有意义。暂且不论绘画能给人们带来哪些实际的美感，至少可以让创作者本人宣泄情绪，从中获得极大的愉悦。

很明显，交流性的艺术与前者有着很大区别，它包含了其他形式的交流途径的部分或全部动机，因此，也会产生各种各样的效果，学术讲座就是个典型的例子。马斯洛认为，如果人们对审美享受和审美创造更感兴趣，那么，他们就会更倾向于表达性艺术，而不是交流性艺术。

有些时候，比起一场学术讲座，一首诗或一幅画的说服力和感染力更强，换言之，它是以表达性为最终诉求的，同时又兼顾了交流性。比如说，一幅画作也许有着明显的装饰作用，与此同时，它的描述或表达又能让人们联想起世界上某种美好的事物。

在马斯洛看来，将美学本身抛到一边，而致力于研究人类与生俱来的审美冲动，也许有重要的理论意义。简单来说，审美冲动最直观的表现就是人们希望让各种物品井然有序、各就各位。马斯洛认为，人们这样做也许是出自于对对称美的追求，也许是为了条理清晰、井然有序，也许是为了整体布局。一旦物品之间的比例失调，组合起来就会很别扭，人们心中自然而然会产生一种冲动，希望对事物进行重新调整与改善。

美在天地万物之间

在庄子看来，天地之序即自然之序。庄子认为，自然之美就隐含在天地万物之间，天地之美与万物之理、四时之法也有着某种若有若无的关联，因此，庄子在《庄子·外篇·知北游》中说道："天地有大美而不言，四时有明法而不议，万物有成理而不说。圣人者，原天地之美而达万物之理。是故至人无为，大圣不作，观于天地之谓也。"也就是说，无论是万物之理，还是四时之法，无不体现着存在的秩序，当它们彼此相互关涉时，一方面，美与秩序关联起来；另一方面，秩序也被赋予了某种审美上的规定。庄子所说的"不言""不议""不说"体现了三者之间在出乎自然这一点上的相通性。

与万物之理主要展示对象自身的法则不同，秩序的审美之维或审美秩序首先指向的是存在的统一性与整体性。对于"不该不遍，一曲之士也"，庄子曾提出批评，认为他们"判天地之美，析万物之理，察古人之全。寡能备于天地之美，称神明之容"。其中的"判""析"都有分离、区分、隔离的意思，天地作为一个整体呈现出它的内在美，万事万物之间的联系则体现了万物之理；与之相对应的，"判天地之美，析万物之理"则意味着天地这一整体被分解，万物之间的联系被隔绝。将一系列分离与解析加诸整体，事物的存在也会随之丧失整体之美，庄子所说的"寡能备于天地之美"就是在强调这一点。一般而言，审美视阈里的存在往往以整体的或系统的形态呈现出来，这种整体性或统一性本身具有五花八门的形态，比如说自然之美的蓝天白云、崇山峻岭、潺潺流水、苍松翠竹、花团锦簇，莫不是与山水草木为伴，形成和谐统一的整体景色，从而引发美感。黑格尔也正是从这一点出发，提出了"美只能是完整的统一"的观点。当然，美也可以通过突显事物的一种或多种特性来呈现，纵使如此，它也往往呈现出一种和谐且具体的形态。庄子将美与整体性结合起来，反对"判天地之美"而主张"备于天地之美",其中深意大致与黑格尔类似。但有一点值得注意,庄子强调了"判天地之美"与"析万物之理"之间的联系。如上文所述,万物之理体现了存在的内在秩序,这样一来,对"判天地之美"与"析万物之理"的双重否定一方面确定了美的规定与存在之序相互的统一,另一方面又使美的整体性与存在之序的整体性相互沟通。

然而,审美秩序所体现的整体性、统一性与抽象的普遍性不同。从本质上来说,美是不可能脱离感性存在的,而感性存在总是内含个体的、多样的规定;美与感性存在之间有千丝万缕的关系,决定了审美之维难以彻底摆脱个体性与多样性。有关美与个体性之间的关系,庄子从各个层面作了考察。庄子在《庄子·内篇·齐物论》中对美的判定进行了论述:"毛嫱、丽姬,人之所美也,鱼见之深入,鸟见之高飞,麋鹿见之决骤,四者孰知天下之正色哉?"言下之意,在人看来很美的对象,诸如鱼、鸟、麋鹿等其他存在形式却未必认为美,从逻辑角度来说,庄子试图告诉人们,人、鱼、鸟、麋鹿之间难以找到统一的审美标准,这有悖于异类不比的原则。同时,庄子又以隐含的方式对存在本身的多样性与差异性进行了肯定:对于不同的存在形式,美的存在意义往往也不同;在不同的审美标准背后,有着不同的存在形态。从本体论的视角来看,庄子关注的重点是存在的形式与方式的多样性。

可见,美既体现了存在的整体性与统一性,又与个体性、多样性息息相关；以美为呈现形式，存在的统一性与个体性都得到了确认。这样一来，在审美秩序里，普遍性、统一性与个体性、多样性互相交融，庄子要求"原天地之美""备于天地之美"而反对"判天地之美"，正是通过确认美的诸多特点来更深入地体现存在的丰富性与多样性。

第九章

哲学这样看关系

友谊可以慰藉心灵

亚里士多德说:"喜欢孤独之人,要么是神灵,要么是野兽。"在培根看来,这是人世间最容易混淆真理与谬误的一句话。他认为,如果一个人心甘情愿地与社会脱节,遁入林野里,日日与野兽为伍,这或多或少说明他身上有几分兽性,在他身上难以再发现神性。然而,凡事皆有例外,总有些人是为了寻求一份社会之外的高尚生活而做出这样的选择,比如克里特诗人埃里蒂斯。

综观芸芸众生,很少有人能真正理解孤独的含义,更不知道如此广阔的空间里无处不弥漫着孤独。看啊,人们你来我往,但他们并非都结伴而行,形形色色的人如潮水一般涌来,人与人之间的讨论听上去激烈高亢,实则毫无意义。于是,培根引用了一句拉丁格言来描绘这番场景:其实,城市是一片荒野。在大都市里,朋友们分散地居住着,大多数人难以结成如小镇上人们那般亲密的友谊。然而，培根的人生经历却让他懂得：如果一个人不享有真正的友谊，那么，他将面对最纯粹而可悲的友谊。一旦这个世界失去了真正的友谊，那么，它就是一片荒野。在这片人生的荒野里，有的人从天性上就不愿与他人结成友好关系，那么，他的天性肯定是由野兽赋予的，而非人类。

在培根看来，友谊最重要的功能之一，就是为人们提供一个有效渠道来释放内心的各种情感和心事。正如我们所知，如果任由负面情绪在心头郁积，则会有损人体健康，甚至埋下患病的种子。培根深知友谊在人生占据的重要地位，正如他所说，人们啊，你们可以服用矿物质来保肝护脾，你们还可以食用海狸肉来补充脑力，然而，唯有真正的朋友才称得上是心灵的良药。与真挚的朋友相处，你可以放下戒备，通过自白的方式来忏悔和倾诉，将积压在心头的欢乐与痛苦、希望与忧愁、恐惧与疑惑都宣泄出来。

培根认为，比起普通人，君主若想获得友谊，就必须付出更高昂的代价，有时甚至要付出生命。君主与他的臣民相去甚远，因此，与他们难以建立真正的友谊，除非君主擢升这些人与之处于平等的地位，然而，这样会产生更多的麻烦。在现代语境下，这类人被称为心腹或亲信，称呼中含有一种宠信的意味。而罗马语里则将这类人称为分担忧愁的人，似乎能更直接地体现他们对于君主的真正用处。纵观历史不难发现，无论是冲动、软弱的君主，还是智慧、果敢的君主，他们总会从身边挑选一批臣仆与之交往，甚至努力让周遭的人都认为他们是朋友。

苏拉是罗马的君主，他曾与庞培私交甚笃，甚至能容忍其以下犯上。恺撒大帝也曾与布鲁图结下深厚的友谊，甚至让他成为继承人中的候选人，但最终导致了悲剧的发生：布鲁图将恺撒大帝诱入圈套，最终将其杀害。针对这起悲剧，西塞罗日后引用了安东尼的话，将布鲁图比喻成懂得黑魔法的巫师，一步步将恺撒大帝引诱进死亡的深渊。

上述这些君主不仅精明强悍，还很爱惜自己的生命和名誉，然而，他们也清醒地认识到自己拥有的幸福是残缺的，唯有拥有情投意合的朋友才能让幸福趋于完美。诚然，历史上大多数的君主都妻妾成群、儿孙满堂，但是这些并不能让他品尝到友谊的甘冽与芬芳，也不能慰藉他那颗疲惫不堪的心。

正如培根所说，友谊的好处就如石榴的果仁一般，多得数不过来。不妨想想人生中有哪些事情需要朋友帮助才能完成，这样可以了解友谊的真谛。正如古代贤者所说，朋友就是人们在世界上的第二个"我"。

博爱源自于平等

博爱是其他爱的形式的基础，所谓博爱，就是对所有人肩负起一种责任，关怀、了解并尊重他人，乐于帮助他人享受生活乐趣。博爱，指的是爱所有的人，这种爱最鲜明的特点就是没有占有欲，没有独占性。

在人本主义哲学家弗洛姆看来，爱是一门艺术，"如果我具有爱的能力，那么，我会爱我周遭的人"。博爱有着深厚的内涵，所有人的团结与统一都凝结于其中。实现博爱的前提条件是，我们必须意识到每个人都是平等的。相比起人们共有的特点，每个个体在智力、知识与能力方面的差别微乎其微。只有从表面深入，不断了解他人，我们才能了解人们所共有的特点。如果我们对他人的了解停留在表面，那么，我们只能将自己与他人区分开来。然而，一旦我们了解到他人的本质，人与人的共性也会显现，从而认可"我们是兄弟姊妹"这一不争的事实。

这种关联不是表面上的，而是从本心到本心的，威尔·杜兰特也曾描述过这种本心关联。同样一句话表达的含义由说话的方式决定。说话的方式取决于说话人发自内心的深度。在双方心意相通的前提下，这些话会触碰到对方内心同等的深度。因此，总有人能感同身受，体味出话里究竟蕴含了多大的分量！

弗洛姆认为，博爱乃是处于平等地位的人们之间的爱。总体而言，人与人之间是平等的，但事实上这种平等也不是绝对的。我们生而为人，总是需要他人的帮助。也许今天我需要帮助，也许明天你需要帮助。在弗洛姆看来，这种对他人帮助的需求并不意味着这个人强大，那个人弱小。因为无论对谁来说，弱小或强大都只是暂时的，但所有人都拥有共同的能力，那就是独立地走自己的路。

接着，弗洛姆又指出，爱自己的骨肉不足为奇。人们对自己的骨肉至亲心怀爱意是人之常情，就连动物都懂得爱自己的后代并将它们抚养长大。爱在很多时候也是有条件的：孩子爱着他的父母，因为他需要父母；生性软弱的奴隶爱着他的主人，因为他需要依靠奴隶主维持生计。因此，只有当一个人爱着那些与其个人利益无关的人时，纯粹的爱才开始萌生，这才是博爱。

为人父母是一件痛并快乐的事

在培根看来，为人父母是一件痛并快乐着的事情。面对子女，大多数父母总把自己的快乐、悲伤、烦恼隐藏起来。对此，培根的解释是，他们的快乐无须多言，而他们的烦恼与悲伤则不能尽情流露。有了子女，为人父母的辛劳变得甜美而芬芳，但他们也承受着更多的痛苦。一方面，子女增加了父母的生活负担；另一方面，子女也缓解了父母对于死亡的恐惧。

诚然，世界上的动物都只是为了传宗接代，而唯有人类希望在历史的长河中留下自己的印记。然而，现实很残酷，很多人虽然成就了一番伟业，但是他们膝下无儿无女，当他们的肉体灰飞烟灭时，尤其希望自己的愿望能够实现。因此，那些最关注后代的往往是那些没有后代的人。培根认为，那些先成家后立业的人，总是很溺爱子女，他们把子女视为家族和事业的继承人，所以，在子女的教育与成长中也往往对其放任自流。

父母对子女的疼爱往往是不均衡的，有时候甚至是不恰当的，尤其是母亲。就像所罗门说的，倘若儿子聪明伶俐，他的父亲就会笑逐颜开；倘若儿子愚笨迟钝，他的母亲就会羞愧不已。我们都知道，如果一个家庭儿女众多，那么，他们中最年长的常常最受父母重视，最年幼的则最受父母宠爱，那些年纪居中的则常常被父母忽略。然而，培根却犀利地指出，那些年纪居中的孩子却常常是最有出息的。

谈及父母给子女零花钱一事，培根认为，如果在给子女零花钱时太吝啬，其结果往往弊大于利。这样一来，孩子就会沾染上恶习，可能学会用欺诈或哄骗的手段获得金钱，甚至可能会与一些不三不四的人做朋友，等到他将来某一天变得富有时还会挥霍无度。因此，培根认为，最好的办法是，父母应该在保证自己的权威不受侵犯的前提下，保证给予孩子合理的零花钱。在孩子年幼的时候，父母格外喜欢让孩子之间展开竞争，但这种做法常常会让孩子们在成年后缺少和睦与友爱，家庭也会失去安宁与和睦。

培根认为，在教育子女方面，意大利人堪称典范。他们对待子女与外甥、侄子常常不分彼此，只要他们来自同一个家族，哪怕并非自己亲生，也同等对待。换言之，他们在秉性上也经常表露出某种相似性，比如说，有时候侄子的脾气也许不那么像他的父亲，反而更像他的叔叔。在培根看来，为人父母，应该尽早为子女规划好未来的发展道路和从事的职业，这是因为孩子在年幼时具有极强的可塑性。

真正意义上的母爱

弗洛姆在《爱的艺术》中提起一则颇具象征意味的故事：上帝赐给人类应许之地，在那里遍地流淌着甘甜的乳汁和甜甜的蜂蜜。故事里的这片应许之地其实就象征着人类的母亲；乳汁代表了母爱内涵的第一个层面，即关爱并维护生命；蜂蜜则代表了生活的美好与甘甜，使人们对生活与人世产生一种热爱。那些能给予孩子"乳汁"与"蜂蜜"双重呵护的母亲才是真正的好母亲。

弗洛姆反复强调，母亲之于孩子的影响力是难以估量的。作为母亲，她对生活的热爱或恐惧都极具感染性，能全方面地影响孩子今后的人生。其实，无论是孩子还是成人，我们都或多或少能从他们身上感受到哪些人在成长过程中只获得了"乳汁"，而哪些人是二者兼得的。

弗洛姆在《爱的艺术》里对不同类型的爱进行了深入的分析与探讨，其最终结论是，母亲与幼儿之间的爱是两个不平等的人之间的关系。在这段关系里，总有一方需要帮助，而另一方需要不断地付出。在弗洛姆看来，母爱中最让人钦佩的并非来自于母亲对孩子的那份呵护，而在于母亲在成长过程中对孩子所给予的爱与引导。

在此基础上，弗洛姆补充道，母爱对于孩子的付出包括两个方面，一是必须关爱孩子，并在其成长过程中陪伴左右，维护那弱小的生命健康成长；二是要超出简单地维护生命个体的范畴，要让这个小生命由衷地热爱生活，让孩子感到活着是一件很美好的事情。

母亲对孩子爱的动机的解释五花八门，但弗洛姆认为超越自我的内心需求是众多动机中最重要的一个。超越自我是人类最基本的一项需求：人们不满足自己纯生物的属性，不愿意置身于芸芸众生之中只作为小卒而存在。人们永远渴望成为创造者，以尽可能地弥补自己作为被创造者而存在于世的消极情绪。有多种途径可以满足这种需求，其中母亲对自己所创造的生命个体，即对孩子的关爱就是最直接的途径。母亲总是能在孩子身上实现生命的自我超越，她们对孩子的深情与爱意能让生命绽放新的光彩，从此之后，她们也跃升为创造者。

然而，孩子一天天长大，最终会脱离赖以生存的母亲，成为一个独立而完整的个体。在这个过程中母爱承担着一项无比艰巨的任务，唯有合格的母亲才能毫无保留地付出一切，只要孩子获得幸福，她别无所求。因此，在弗洛姆看来，只有孩子成长过程中的母爱才能称为真正意义上的母爱。

男权社会里的两性关系

20世纪著名的存在主义哲学家波伏娃，在《第二性》一书中指出，受根深蒂固的男权思想影响，女孩从小就接受这样的教育：她们人生最大的成功就是取悦男人。随着女孩长大成人，她背后的翅膀已经被男权思想折断，再也无力独自生活在世上。于是，婚姻成了她唯一的出路。对于女性而言，婚姻简直就是一生中的梦魇：年幼的小女孩被反复教育，要学着做温柔善良的新娘；到了少女时期，每个女孩都要煞费苦心把自己打扮得千娇百媚，以吸引异性的目光；结婚时，女孩既满怀期待又忐忑不安，盼望着新郎把婚戒戴在自己的无名指上；成为妻子，女人用汗水和美貌为丈夫经营一个柔情蜜意的温柔乡；人至中年，女人又要时刻提防着别的女人把自己的丈夫从身边夺走；步入老年，女人还要拖着一副年迈的身躯，无微不至地照顾同样年迈的老伴。

女性总是付出更多的心血和精力来竭力维持婚姻，而事实上，男性总是在婚姻关系中占有主动权。比如，英国传统文化同样主张男女通过婚姻结合在一起，实现真正意义上的合二为一。然而，这里的"一"永远指的是丈夫，这真实地反映了男婚女嫁的内涵：丈夫占有着妻子，而妻子则为丈夫所占有，"她拥有着他的姓氏，而他为她的一生负责。她是他的'妻子'。

他因自己的妻子而骄傲，正如他为自己所拥有的住宅、田地、牛群、果蔬而满心骄傲一般"。妻子通过劳动得到的一切成果都属于丈夫，也包括自己的身体与生育能力。

在波伏娃看来，妻子主要从两个方面来满足丈夫的虚荣心：其一，丈夫将妻子视为炫耀品。倘若妻子终日无所事事，过着养尊处优的闲适生活，那就证明了她的丈夫拥有足够的财富。除此之外，妻子的美貌、顺从、贞操等也被视为炫耀物。其二，对于那些崇尚男权的男性而言，妻子就如同他们手里的玩偶，在他们手中是如此的被动，任由他们摆弄，最终被塑造成他们理想中的模样。每个丈夫在男权思想的驱动下都体验着随意处置妻子的快感，在这个过程中，丈夫的自尊心和控制欲得到满足。而为了让妻子一直乖乖充当他们手里的玩偶，丈夫们的控制欲也会如熊熊燃烧的烈火般愈演愈烈。

那么，让人们心生向往的理想的两性关系是怎样的呢？波伏娃对这一观点的阐述十分到位：如果一个男人渴望占有一个女人的身体，同时又承认她是自由的，那么，她在成为客体的同时，也会感觉自己是主要参与者，她也因此而变得完整。首先，她是自由的；其次，她以自由的意志选择了顺从。唯有在这种情况下，两个爱人才能以各自都能接受的方式同时享受快感。处于两性关系中的任何一方都会认为这种快感属于自己，同时又来自于对方。

别让爱成为桎梏

在弗洛姆看来,爱包含两重含义:一种是重生存的爱;另一种是重占有的爱。就后一种爱而言,那些被爱的对象最直接而深刻的感受就是约束、限制和桎梏。陷入这种爱情之中,人的天性会遭到扼杀,逐渐变得麻木,最终人的活力与生命力也会被摧毁。弗洛姆认为,人们将这样或那样的感情称为爱情,其实不过是在滥用"爱"这个字眼,其真实目的不过是试图掩盖爱并不存在的这个残酷的现实。

在弗洛姆的眼里,"爱情不过是一个抽象名词,也许它只是一位女神或其不为人知的本质,尽管谁也没有真正见过这位女神"。也就是说,在真实的世界里,爱并不存在,人们所能观察并感受到的只是种种关于爱的行动。爱是一种颇具创造性的活动,这一系列的行为包括注意某人(或某事),认识他、关心他、认可并喜欢他,而爱的对象可能是一个人,又或者是一部电影、一朵花、一幅画、一种理念等。也就是说,爱的行为其实是生命个体自我更新与自我成长的过程。

弗洛姆在《爱的艺术》一书里提出了"坠入情网"这个概念,在他看来,这个世人常常提及的关于爱情的词语本身就是矛盾的。爱是一种源于灵魂的力量,人们满怀着爱的情感去进行一系列创造性活动。但是,人是不可能坠入其中的,因为任何人都不愿意陷入这样一张巨大的网里，一旦成为了这张网的俘虏，就会彻底失去自由。没有自由的爱情，又怎会甜蜜呢？正如弗洛姆所说，"那些落入渔网里的鱼并非自投罗网，这样一来，世人认为浪漫的'坠入情网'就彻底沦为被动，然而这并不是爱情最真实的目的"。在求爱的过程中，双方的关系并不确定，那些爱着的人们都用尽办法试图获得对方的心。在求爱的日子里，他们生动而活泼，让人不由自主地萌生好感，这种蓬勃的生命力会美化一个人的面孔。在此期间，不存在谁占有了谁，因为所有人都致力于奉献与激励他人，这也就是生存的本意。

而婚姻往往会扭转这种局面。在婚姻的制约下，彼此获得了占有对方身体和情感的权力。当你再也无须花费精力去争取对方时，爱情就从一种创造性的行为变为了一种占有物，或者说是私人财产。

弗洛姆注意到，进入婚姻后，双方逐渐不再付出努力，也不再像之前那样努力让自己熠熠生辉，自然也不再努力去激发他们内心的爱意。婚姻生活让他们觉得无聊，人也慢慢失去了那种爱情里的光彩。他们感到失望，不知所措。莫非婚姻让他们变成另一个恶人了吗？一般情况下，每个进入这种婚姻模式的人都觉得自己是受欺骗的那一方，并竭力试图去改变对方。然而，他们也早已不是那个彼此相爱时的自己了。归根结底，他们被"爱是能被人为的占有"这种错误的思想误导了，他们慢慢失去了爱的能力。基于这一前提，他们不再去相爱，而是占有着双方共同拥有的各种资源，诸如社会地位、人脉资源、财产、住宅、子女等。

弗洛姆意识到，有的婚姻虽然以爱情为起点，却最终成为了两个人共同的占有物，两个同样自私的人结合在一起，组成了一个名为家庭的社会实体。甚至还有一些夫妇一直试图回味之前那种类似爱情的情感，他（或者她）致力于寻找一个新的伴侣，幻想着这份新鲜感能满足自己的这份空虚。除了爱情之外，他们别无所求。

对于这种情况，弗洛姆犀利地指出，于他们而言，爱情并非是生存的一种表现形式，而是被奉为一位偶像，甚至一位高高在上的女神。他们只是渴求着能拜倒在她的石榴裙下。而这从一开始就注定了失败，因为没有自由，就没有爱情。对于那些崇拜爱神的人们而言，他们的人生最终都会陷入一种难以自持的被动里，他们会一次次被乏味的生活所吞噬，那些少得可怜的吸引力也终将消逝。

其实，弗洛姆关于爱情与婚姻的观点并不是为了提倡相爱的两个人不应该步入婚姻。归根结底，问题并不在于婚姻这种形式，而在于夫妻双方那种占有欲的性格。

释放女性潜能

柏拉图在《理想国》里提出过一个著名理论，即在理想社会里，由父母、子女组成的小家庭将被废除或被严格限制。柏拉图认为，家庭弊端重重，人们的自私自利大多来源于家庭，从而对家庭成员以外的人满怀敌意，这妨碍了人们关心家庭之外更大的群体。他写道，只有当家庭带来的负面影响受到牵制时，城邦里的公民才能由衷地热爱自己的城邦并奉行城邦的理想。这一想法一旦实现，不仅能释放妇女的潜能，让她们摆脱相夫教子的封闭生活，还能和男子一样在更广阔的天地里施展各种才能。

柏拉图在《理想国》里以一种理想化的手段阐述了这种思想。他认为，和男子一样，女子也能成为哲人或武士。接着，他又在《法律篇》里进一步阐述了这一思想，而且表达得更为务实。他指出，女人可以摆脱这种传统的束缚，更多地投入到社会活动中，但没有必要废除传统的小家庭。在柏拉图所处的那个时代，即使这种想法表述得没有那么尽善尽美，也振聋发聩，因此，柏拉图也招致了诸多嘲笑。

在近代社会，因为这些问题经过了系统而充分的探讨，所以我们发现了柏拉图这个理论的种种缺陷。这个理论并非建立在经验的基础之上，而是从关乎人性的抽象论述中以先验方式推导而出的，因此，难以应用于现实社会。虽然这种理论摆脱了传统思想的桎梏，但不切实际，也并未在历史上产生实质性影响。此外，柏拉图所提出的妇女观虽然在理论上看似认同男女平等，但其实仍坚持认为女性在生理和心理上的各种表现仍比不上男性。归根结底，他坚定地认为，如果妇女想要改变命运，就必须做与男人相同的事，必须扮演男人所扮演的角色。

有一个关于柏拉图学园的小故事，说的是他的学园里有两名女学生，一个叫阿西欧提雅，另一个叫拉斯特尼亚。读完《理想国》之后，她们二人双双女扮男装，混入了柏拉图的学园。这个故事很有可能是后人读过《理想国》后杜撰出来的，但不论真假，至少在人们看来，柏拉图并没有将性别与思想的发展混为一谈。

古往今来，人们对柏拉图有着不同的看法，有人认为柏拉图堪称女权主义的先驱人物，因为他提出不应该将女性排除在男性活动之外。还有人认为柏拉图从骨子里反对女权主义，他关注女性，并致力于按照男性的理想来重塑女性。然而，与柏拉图同一时代的其他哲学家却很少思考过这个问题，至少这是柏拉图思想的独创性。比如亚里士多德，他很少怀疑那些流行的思想，比如妇女必须操持家务、没有受教育的机会、没有参与政治的权利等，他不认为不妥。从某种程度上来说，亚里士多德代表了过去哲学家的一种基本态度。

柏拉图式爱情

柏拉图式爱情，指的是一种以柏拉图命名的人与人之间的精神恋爱。柏拉图式爱情追求的是人与人之间心灵上的沟通，将肉体欲望排斥在外，追求理性而纯洁的精神上的爱情。

15世纪，费奇诺最早提出"柏拉图式爱情"这一概念，这也是苏格拉底式爱情的同义词，苏格拉底式爱情指的是苏格拉底及其学生之间彼此爱慕的关系。可见，柏拉图式爱情是以古希腊的理性主义传统作为文化根基的，有关爱情的定义是极为理性的，其中包含了道德感、责任、义务等社会衍生概念，散发着人类的理性光辉。关于爱情，柏拉图有着明确的看法，当心灵抛开肉体而追逐真理时，这无疑是最好的时刻。当肉体的诸恶感染灵魂时，人们追求真理的需求自然不被满足。当人们肉体不再有强烈的需求时，就会拥有平和的心境。除了人性之外，肉欲正是人兽性的直接体现，也是每个生物个体的本性。人类作为高等动物，就是因为在其本性之中的人性成分多于兽性，所以，精神交流是美好而道德的。

在古希腊哲学圈中，柏拉图有着巨大的影响力。在著书立说时，柏拉图借由其师苏格拉底的口吻说：心灵摒弃肉体而向往真理时，才能拥有最好的思想。在欧洲，被称为柏拉图式爱情的精神恋爱由来已久，认可这种爱情模式的人们认为，人与人之间的结合是肮脏的，爱情与情欲是两种互相敌对的状态。因此，当一个人陷入爱恋的时候，他完全不可能希望与其爱着的对象实现肉体上的结合。

柏拉图坚定不移地认为，真正的爱情是持久的，可以经受住漫长岁月的考验。只有那些超越世俗的爱情，才能在时间的考验中历久弥坚。虽然后世对于柏拉图式爱情有很多争议与不同的看法，但是，有一点可以肯定，那就是柏拉图认为，爱情在某种程度上能让人得以升华。对于一个希望高尚地活着的人而言，并非血缘、财富、权力、荣誉等指导着他的言行，而是爱情。世界上有各种情感，却再没有任何一种能像爱情那般根植于人的心中。对于处于热恋之中的人来说，当他做出某些不光彩的行径时，宁可被他的亲朋看见，也不愿意被他深爱的人看见。可见，就这一层面而言，柏拉图所倡导的爱情无疑是一种强大的力量，鞭策人们奋发向上。

第十章

哲学这样看自由

自由与法律

孟德斯鸠曾说，自由并不是无限制的自由，而是能做法律许可范围之内的任何事情。

孟德斯鸠再三提倡自由与平等，与此同时，他又多次指出要实现自由就必须依靠法律，自由并不代表恣意妄为。正如他所说："倘若一个公民拥有了做法律允许范畴之外的事情的权利，那么，他就不再拥有自由，因为其他的公民和他一样，也拥有这个权利。"换言之，如果一个公民可以强迫别人做他不愿意做的事情或是说他不愿意说的话；反之，别人也有权强迫他做他不愿意做的事情或说他不愿意说的话。这样一来，每个人的自由就再也得不到保证了。

可见，法律对自由的意义非同一般，那么，就应该白纸黑字地把法律条款写明白，让每个人都能充分了解。此时，法律成为了践行公民意志的一种强有力的手段。但法律就一定意着自由吗？对于这个问题的答案，孟德斯鸠显得有些迟疑。归根结底，是因为他对法律有两个方面的担心。

其一，虽然自由源于法律，但法律并不意味着一切。和法律一样，自由也源起于一些规矩、习惯或风俗，而这些东西同样也能反过来限制自由。基于以上事实，民众有可能获得法律上的自由，而事实上并不自由；也有可能没有获得法律上的自由，而事实上却是自由的。

其二，如果法律本身也是专制的，那么，它如何能维护民众的自由呢？孟德斯鸠提出了一个解决的办法，那就是法律要有底线，它应该是在正义的基础上建立起来并彰显正义的原则。

也正是出于以上种种担心，孟德斯鸠又在法律的基础上提出了法的精神，试图从一个更广阔的领域来探讨自由与法律之间的关系。正如孟德斯鸠所说的，在这里探讨的是法的精神，而不是法律，这个精神不仅存在于法律之中，更存在于为人们所认可的种种事物的关系之中。

可见，法的精神其实是法的文化，是建立法律所依赖的社会、历史、文化等各方面的基础，更是能够让法律运转下去的外界环境。由此可见，孟德斯鸠真正关心的并不是法律，而是隐藏在法律背后的社会、历史、文化等。相较于他所处的那个时代，毫无疑问，他已经带领着人类社会向前迈进了一大步。

意志自由的是与非

在哲学界最古老的几大争论焦点之中，要数决定论与意志自由论之间的争论最引人注目，这个问题几乎困扰着所有哲学家。当然，这也无可厚非，毕竟这一问题直接关系到人们对其自身在社会中所处位置的理解。综观哲学史，绝对拥护决定论的哲学家不在少数，绝对拥护意志自由论的哲学家则很少见。事实上，大多数哲学家是在这两者间摇摆不定，比如伏尔泰、斯宾诺莎就从意志自由论转向决定论，也有人试图在二者间找到某个平衡点，从而实现折中的状态，比如康德、费希特就提出将人一分为二，因果律支配着现象界的那部分人，而本体界的那部分人则拥有意志自由。一个有趣的现象是，虽然叔本华和尼采都自称为意志自由论哲学家，但是，他们都不认同意志的绝对自由，也就是说，他们反对意志自由论。

叔本华在这方面继承了康德的观点，在他看来，处于现象界的人们不拥有意志自由。然而，康德认为，本体界的人们在某种程度上保留着意志自由，虽然人们无法证实这种自由；但是，人在尘世生活中时常彰显出这种道德。叔本华对本体界的人们所拥有的意志自由也持否定态度，他认为，人在本质上就是现象界的，他们只是以个体化的形式来表现世界意志。每个人的意志就是每个人原本的自我，早早就被决定了，是既成物。

如果要问一个人的意志是否是自由的，这无异于问他能不能变成另一个人。对于意志而言，它只有彻底摆脱现象形式，重新回归为本体界的世界意志，才能获得自由。然而，人在本体界里找不到属于他的位置。因此，在叔本华看来，解脱的唯一途径就是人自愿地泯灭自己的意志，彻底摆脱世界意志的支配。

对于意志自由，尼采也持否定态度，但他的出发点与叔本华不同。

首先，他试图来分析意志这种心理能力，尝试揭示蕴含于其中的心理机制。斯宾诺莎说过，在很多人看来，意志是自由的，原因在于他们只能感知自己的意志，却完全不了解决定意志的各种因素。尼采同意斯宾诺莎的观点。他认为，叔本华的谬误之处在于他从没有对意志进行过分析，其实，意志只是被设置得很精巧的机械装置罢了，而人们往往不能察觉这套机械装置完整的运行过程。

其次，批判基督教的伦理观念是尼采竭力否认意志自由的根本出发点。意志自由强调人能够通过意志实现自律，有决定自己的意志并支配自己的行为的自由。尼采的这一观点产生了两方面的影响：一方面，个人对自己的行为承担了更重要的责任，对这一点尼采并不反对；另一方面，社会的责任也被一并开脱，所有罪恶都由个人承担，某些基督教思想家恰好利用了这方面的影响，这是尼采最为厌恶的。很多基督教思想家认为，上帝是至善的化身，人既可以秉承造物主的旨意而为善，也可以从自己的意志出发而为恶，因此，人必须为自己犯下的种种罪恶而赎罪。对此，尼采表示，事实上，人们发明了意志的有关学说，其目的是给人施加惩罚，人被视为是自由的，这样一来，他们就要为自己的罪行负责，就能施加判决与惩罚。

综观康德、叔本华和基督教的有关观点，虽然他们在反对或支持意志自由这一点上有所区别，却一致认为人拥有某种超验的本质。康德认为，人的超验本质是人的真我，也就是本体界的人，因此，人也拥有了超验的自由意志。基督教教义指出，人性的超验中包含了上界的善和下界的恶，从本质上来说，人的自由是皈依上帝的自由，是超验的赎罪的自由。叔本华认为，人是意志的现象形式，人的宿命就是不自由的。然而，对于任何超验本质的观点，尼采都坚决反对，他不仅反对意志自由，还反对以人的超验本质为基础的超验的意志自由。遵循着同样的逻辑，他对超验的决定论也持反对意见。

综观哲学史，意志自由的有关命题始终服务于人类道德的相关论证，尼采试图否定的正是这种自由。他认为，恰恰在道德领域里，人的任何意愿或行为都可以利用决定论来进行说明、辩护，因此，不能以意志自由的名义给人们扣上罪名。然而，如果脱离道德领域，在个人意志从世界生生灭灭的规律中传承而来时，意志却拥有了自由。这就是尼采所倡导的创造的意志。

在尼采看来，宇宙有生有灭，无时无刻不处于生成变化之中，这是世界意志的一种创造行为，同时，他也把人的种种创造行为视为个人意志对宇宙生成变化的自觉体现。因此，他认为，对于一切无常而言，时间和生成是最高的赞美、最有力的辩护。那么，创造者呢？"他为一切无常代言和辩护。"就创造者的意志而言，生成是其永恒的向往，而生成就是自由。尼采针对这一层面认为，意愿让人自由，这是意志与自由的羁绊。

人生而自由，却无往不在枷锁之中

卢梭"人生而自由，却无往不在枷锁之中"的著名命题，是针对"人是生而不自由的"王权专制提出来的。费尔马是英国王权专制论的代表人物之一，他理论体系的核心观点是"没有人是生而自由的"，且以此作为绝对君主制建立的基石。卢梭与他针锋相对，提出，自由是人们共有的人性之产物。人性最基本的法则乃是维护自己的生存权；人性最基本的关怀乃是予以自己最适当的关怀。随着一个人到达了一定的年龄并拥有了理智，他就可以判断哪些方法是适合维护自身生存的，也就从那一刻起，他成了自己的主人。

以"人生而自由"这一命题为基础，卢梭又进一步阐述道，"却无往不在枷锁之中"。为什么会如此矛盾呢？这个问题很难回答。在《爱弥儿》第一章里，卢梭对他所观察到的这种现象进行了细致地阐述，他写道，"世间之物，凡出自于自然，皆是好的，凡经人之手，就变坏了"；"人类的智慧都无法摆脱奴隶的偏见；人类处于自己习惯的奴役、束缚和压抑之下。由生到死的这段时间里，任何人都摆脱不了这种羁绊"。

那么，这种现象又是如何获得合法性的呢？卢梭也给出了答案：当人们选择屈从时，他们做对了；当人们选择打破枷锁时，他们更是做对了。人们正是根据他人剥夺其自由时所依据的权利来使自身的自由得以恢复的，因此，这就是人们重获自由的根据；若不如此，别人也就毫无根据剥夺其自身的自由了。卢梭笔下写到的这种权利其实就是社会秩序，它是其他权利的基石。然而，社会契约并不是自然的产物，而是建立在约定基础上的。简单点说，民众的生活处于合法约束之下，这是因为人们早就约定好，并在约定基础上建立了一系列社会秩序，于是人们才生活在这种社会秩序的约束下。

在卢梭看来，政治社会的初始模型就是家庭，它是唯一古老而自然的社会形态。当孩子要在父亲的养育下才能生存时，他依附于父亲；一旦他不再需要父亲养育，父子关系逐渐淡漠。父亲不再履行照顾孩子的义务，孩子也不再无条件地服从父亲，双方在同一时间恢复了最初独立、自由的状态。在这之后，如果父子之间继续保持某种联系，那这种联系就是出于自愿，而非自然。这时，就需要靠约定来维系家庭。从家庭折射政治社会，君主犹如父亲，民众犹如孩子；自由与平等是与生俱来的权利，只有人们为了谋求自身利益时才会让渡自由。

自由源于理性

《伦理学》是荷兰著名哲学家斯宾诺莎的经典之作，书中从宇宙的本原谈到了物质与精神的关联，甚至人的意志，几乎将人类的全世界包含其中，内容十分丰富。他给这本书取名为《伦理学》是因为他认为人生的至高之境就是人的自由与德行，这是他所构建的哲学体系的最终归宿，也被他视为人生和宇宙最根本的归宿。

斯宾诺莎认为，实体是宇宙的本原，也是万物的来源。那么，实体究竟是什么呢？他指出，实体是自因，简言之，它自己就是自身存在的原因，不依托于任何其他事物而存在。因此，实体是一切事物最终极的存在，也再无法往前追溯。他指出，这种实体具有某种神性，甚至直接称之为神也无妨，因为它早已超出了人类的理解范畴。神，即实体是推动万事万物存在的因，在神的推动之下，万事万物才得以存在与运动。这里所说的神与宗教里的神不一样，它与自然是一致的，作为万物存在的内因而存在于自然。

由此可见，万事万物的存在都要依托于神，只有神，或者称之为实体才是真正自由的。自然的万物都是在神的支配下产生的，也就是说，它们都是神的派生物。因此，万物的存在并非是偶然的，而是必然的。

物质是神诸多属性中的一种，因此，神是一个有着广泛外延的概念。神的另外一种属性是思想，我们也可说神是可以思考的。

斯宾诺莎认为，人的自由源于理性，而人是先认识并理解了神，才进而获得了理性。越是深刻地认识并理解神，人所拥有的理性也越是深刻而独立。基于这种认识体系，理性将万物的存在都视为必然，并能认识其必然的规律，也就是说自由本身也是对必然性的一种认识。

同时，理性可以控制情感，自由随之产生。也就是说，欲望是人的本能，但人处于欲望之中时也是不自由的，因为欲望所渴求的对象会约束人的意志；唯有用理智对人的欲望加以制约，才能获得自由。欲望的内涵很丰富，它既包括各种情感，也包括喜怒哀乐等各种情绪，但它并不神秘。欲望与其他的自然现象一样，遵循着相同的规律，因此，人们可以认识自然现象，也可以认识欲望。如果理性足够强大，就能有效约束欲望，那么人就有可能获得更多的自由与幸福感。

斯宾诺莎认为，人与神的统一堪称人生的至高之境，这种统一让人与不生不灭的实体合而为一，凌驾于种种世俗的欲望之上，能够以理性制约情感，从而抵达真正自由的境界。只有这种人才能称之为真正自由的人，他能完全按照理性来付诸行动。他不会做出任何非理性的行为，避免了与俗世、俗人的种种纠纷。世人追求名望和财富等，他都熟视无睹，而是竭力追求永恒的真理。而真理的奇妙之处在于它永不枯竭，无论有多少人分享它也不会减少分毫。唯有面对着永恒的真理，人们才会获得真正的和平与安宁。

在斯宾诺莎看来，唯有圣人，即神圣之人能达到这重境界。这样的人拥有高尚的道德，就像斯宾诺莎形容的，他毫不畏惧死亡，他的智慧是生的沉思，而非死的默念。斯宾诺莎本人就将自由作为人生的最高目标：他致力于保持内心的自由，但在行动上遵纪守法；他诚实守信，绝不欺骗他人；他生活独立，绝不接受施舍，如此一来，人格也获得了自由与独立。

从自然自由到理想自由

根据不同的情况，黑格尔将意志自律区分为直接或自然自由、反思自由、理性自由三种不同的自由形式。

黑格尔认为，当人出于自然自由做出某个选择或决定的时候，往往是自然的冲动占了上风。黑格尔又指出，反思自由是一种过渡形式，介于自然自由与理性自由二者之间。当人拥有反思自由时，已经具有理性思考，以追求幸福作为宗旨。在这个过程中，人们努力避开那些欲望或冲动的倾向，并在这些欲望和倾向中进行筛选，竭力让它成为谋求幸福的全盘计划里的关键部分。在黑格尔看来，反思是一种"裁断"自由，可以让人们更深入地理解获得自由的途径。然而，反思自由也有局限性，它错误地将欲望和倾向视为人们教养与天性的规定者，而事实上，人们的各种行为并不会全盘服从欲望与倾向，而是有选择性的。

黑格尔指出，就自我决断来说，理性自由又向前迈进了一步，它要求站在伦理的立场上改造或净化欲望，让理性意志创造或决定终极目标，并让其他所有目标都服从并服务于这个终极目标。可见，黑格尔所指的理性自由就是完全的理性自由。他认为，要让一个个体逐渐成长为拥有理性行为或享有绝对自由的人，那么，就有必要让理性的伦理思考来引领欲望。

正如黑格尔所说，任何完整且合理的自由都必然兼顾主观与客观上的自由。他指出，客观自由是一种行动能力，为了谋求正确的处境而凌驾于欲望与倾向之上，不遗余力地把握事物的普遍性。这种事物的普遍性必然不仅局限于我们在谋求幸福的欲望驱使下进行各种反思。因此，人们会自觉地将客观自由纳入主观自由之中，从而最终拥有理性自由，也就是绝对自由。

事实上，黑格尔所强调的理性自由早已超越了狭义上的幸福，原因就是它遵循伦理的原则将在谋求幸福的过程中对自我利益的追求与现实生活结合起来。其中涉及的伦理原则包括尊重人类个体最普遍的各项权利，比如自由、生命、尊严、财产等诸多权利，并将"己所欲者亦施于人"。就家庭生活而言，每个个体在追求自我幸福的同时也推动着他人获得幸福，自己与他人之间以爱为纽带密切联系着。社会生活里也有类似的现象，比如，一个人在职场或市场中谋求自身利益，同时，他也为他人利益效劳。然后，黑格尔上升到一个更宏观的层面，他指出，国家归根结底就是顾及他人意志与美德之所在，在国家中，个体遵循伦理原则与他人有意识地展开合作，为全体公民谋求利益。

一方面，黑格尔认为理性与欲望是对立的，理性对欲望有净化和教化作用，欲望则能彻底颠覆理性的伦理原则；另一方面，他又将理性与欲望视为构成理性决断体系的关键因素。在黑格尔看来，具体的自由就是理性与对幸福的追求二者之间的矛盾。一旦与理性决断体系分离开来，人们对幸福的追求就违背了自然。